ANDALUSIEN

Andalusien erstrahlt im Glanz seiner weißen Dörfer. Welches das schönste ist, muss jeder selbst beurteilen. Zu den Favoriten gehört das im Hinterland der Costa del Sol gelegene Casares.

MIT BILDERN
VON JÜRGEN RICHTER
UND TEXTEN
VON ANDREAS DROUVE

INHALT ANDALUSIEN

ANDALUSIEN – LANDSCHAFTEN, MENSCHEN, GESCHICHTE — Seite 16

ANDALUSIENS OSTEN – GRANADA, ALMERIA, JAÉN — Seite 30

Special
DIE WÜSTEN LANDSTRICHE VON ALMERÍA — Seite 44

Special
KULINARISCHES ANDALUSIEN – „TAPAS" BIS ZU „TORTILLA DE SACROMONTE" — Seite 58

ANDALUSIENS MITTE UND NORDEN – CÓRDOBA — Seite 70

Special
FLAMENCO – DER GEFÜHLVOLLE TANZ ANDALUSIENS — Seite 92

Erste Seite:
Zu Pfingsten zieht es Himmel und Menschen in Andalusiens populärsten Wallfahrtsort El Rocío. Geschmückte Maultier- und Ochsenkarren gehören ebenso ins Bild wie fesche Tänzerinnen, hier beim Tanz im Río Quema.

Seite 8/9:
Im Schein von Kerzen schreiten während der Karwoche (Semana Santa) Büßerprozessionen durch viele andalusische Städte. Besonders bekannt sind die Umzüge in Sevilla.

SEVILLA UND WESTANDALUSIEN
Seite 102

Special Seite 112
STIERKAMPF – DIE KUNST DER „TAUROMAQUIA"

Special Seite 118
SHERRY – DER UNVERGLEICHLICHE WEIN AUS JEREZ

Special Seite 130
SEMANA SANTA – DIE HEILIGE WOCHE

Register	Seite 154
Karte	Seite 155
Impressum	Seite 156

Seite 12/13:
In Sevilla erheben sich Monumente von Weltruf: die gotische Kathedrale und die dem Gotteshaus einverleibte Giralda. Zu maurischen Zeiten war sie ein Minarett, wurde später aufgestockt und als christlicher Glockenturm entfremdet.

Seite 14/15:
In Jerez de la Frontera und Puerto de Santa María sprudeln Andalusiens Quellen des Sherry, der hier „jerez" genannt wird. Einer der angesehensten Sherry-Erzeuger heißt Osborne, in dessen Lagern sich die Fässer stapeln.

LANDSCHAFTEN, MENSCHEN, GESCHICHTE

Wenn der Winter hinaufzieht in die schroffe Bergwelt Granadas, droht Olivenbäumen die Prügelstrafe. Dann rücken die Dörfler mit langen, hölzernen Stöcken an und schlagen auf die Äste ein. Die knorrigen Gegner erzittern und werfen ihre Lasten ab: ins satte Schwarz gereifte Oliven. Jeder Hieb sitzt. Ohne Gnade, aber mit Gefühl. Schließlich sollen weder Zweige noch Früchte mehr zu Schaden kommen als nötig. Von den Bäumen fällt Andalusiens „Gold der armen Leute" auf ausgebreitete, engmaschige Kunststoffnetze. Dort liest man die Oliven auf, verpackt sie in Säcke, hievt sie auf die Ladeflächen von Traktoren und ab geht's zur nächsten Ölmühle. Selbst im dritten Jahrtausend sind solche Erntemethoden verbreitet.

Mit „aficionados" bezeichnet man die Anhänger des Stierkampfes. Ein Arenaplatz in der Sonne ist am billigsten; Schatten bedeutet Luxus und belastet stark das Budget.

Muskelkraft statt Maschinen, altväterliches Knowhow statt Hightech – der wirtschaftlichen Not gehorchend und weil's immer schon so gewesen ist.

REGION DER KONTRASTE

Andalusien steht für kontrastreiche Bilder. Hier ist Platz für weiße Dörfer und vibrierende Städte, die Skigebiete der Sierra Nevada und sandige Brutkästen an der Costa del Sol, für Eselkarren im Alpujarras-Gebirge und Luxusjachten in Puerto Banús. In Al-Andalus, dem alten Traumland der Mauren, gibt es 1001 Andalusien, findet man tausend Gründe und mehr für eine Reise in Spaniens sonnigen Süden. Oder man bleibt gleich hier hängen, so wie Heerscharen von Mitteleuropäern, die Gelassenheit gegen Stress und das klimatische Trübsal ihrer Heimat gegen statistisch belegte 300 Sonnentage pro Jahr eintauschen. Gemeint sind nicht nur die Profi-Überwinterer, sondern auch jene Zuzüglinge, denen mit der millionenstarken Besucherschwemme reichlich Arbeit zufließt: dem deutschen Tauchlehrer, dem Bäcker, dem Redakteur des Küstenblättchens und dem Landgutbesitzer mit seinen Wander- und Reitangeboten.

Andalusien bildet in jeder Hinsicht einen Sonderfall – alleine geographisch. Mit Mittelmeer und Atlantik stößt Spaniens südlichste Kontinentalregion gleich an zwei Ozeane, bäumt sich mit der

Oben:
„Es werde Licht" heißt es bei Sevillas Feria de Abril, wenn der Haupteingang in einem Meer aus Lampen erstrahlt und den Weg ins Festgelände beleuchtet.

Sierra Nevada knapp 3500 Meter hoch auf und schottet sich durch die natürliche Trennungslinie der Sierra Morena nordwärts vom Kernland ab. Das Morena-Gebirge wirkt wie ein klimatischer Schutzwall und bewahrt den Süden vor kalten Winden aus der zentralspanischen Hochebene, der Meseta.

Baden, Schnorcheln, Skifahren, Bergwandern – alles ist möglich in Andalusien, je nach Jahreszeit sogar an einem einzigen Tag. Und wenn man die schneebedeckten Flanken der Sierra Nevada von der Mittelmeerküste aus erblickt, reibt man sich verwundert die Augen.

LANDSCHAFTSMIX AUS STRÄNDEN UND BERGEN

Andalusiens 87 268 Quadratkilometer entsprechen in etwa der Größe von Österreich, bündeln sieben Millionen Menschen, viele kleine Zwischengebirgszüge und natürlich die Strände. Im äußersten Osten geht's los mit den Küstenabschnitten der Provinz Almería (Costa de Almería), die mit Steppen- und Halbwüstengebieten um das Cabo de Gata ihr unverwechselbares Gepräge erhalten; die rund 200 Millimeter Jahresniederschlag weisen das Areal zu einem der trockensten in ganz Europa aus.

Westwärts geht Almerías Küste in die Costa Tropical über, die „Tropische Küste" der Provinz Granada, die ihrerseits bei Nerja in die berühmte Costa del Sol verläuft. Vorbei an touristischen Tummelbecken wie Torremolinos und Marbella, spannt sich Spaniens „Sonnenküste" bis zur Bucht von Algeciras mit dem Kalksteinmassiv Gibraltar. Die Zugkraft des tiefen Südens gründet sich nicht einzig auf ausgedehnte Strände und sommerliche Highlife-Garantie, sondern ebenso auf den Landschaftsmix. Überall an der Küste liegen die Gebirgsausläufer zum Greifen nah – und mit ihnen kalkweiße Dörfer im Stil von Frigiliana und Casares, Mandel- und Weinanbaugebiete und wildromantische Gegenden wie die Serranía de

Ronda. Nordwestlich der Meerenge von Gibraltar – dort, wo gerade einmal 14 Kilometer Spanien von Marokko trennen – schließt sich die Costa de la Luz an und dehnt sich bis zur portugiesischen Grenze. Dort, an der „Küste des Lichtes", rollen die Wellen des rauen Atlantiks gegen Andalusien; im Vergleich zur Sonnenküste sind die Strände weit weniger frequentiert.

FÜLLE AN NATURPARKS UND UMWELTSCHUTZ AUF ANDALUSISCH

Knapp 20 Prozent Andalusiens – hier mögen Naturverbundene aufhorchen – sind als Schutzgebiete ausgewiesen. Die Spanne reicht von den vulkanisch geprägten Mondlandschaften des Naturparks Cabo de Gata-Níjar über Dünen und Marsche im Doñana-Nationalpark bis zu den kiefernbedeckten Hängen im 214 000 Hektar großen Parque Natural Sierra de Cazorla, Segura y las Villas. Klein, aber fein geben sich der Parque Natural El Torcal de Antequera und die Reserva Natural Laguna de Fuente de Piedra. El Torcal schichtet sich als Freilichtmuseum aus bizarren Karstformationen auf, während der Binnensee Fuente de Piedra gesellige rosa Massen auf sich vereint: Flamingos, zu Tausenden, vor allem während der Brutsaison zwischen März und Juli.

Zieht man das nackte Zahlenwerk heran, steht Andalusien mit seinen weit über 80 Schutzgebieten in landesweit ökologischer Vorreiterrolle, doch Theorie und Praxis klaffen (noch) weit auseinander. Naturschutz bedeutet nicht: kompromisslos geschützte Natur. Durch manche Parks führt ein Netzwerk aus vielbefahrenen Straßen, die Jägerschaft genießt eine starke Lobby, Korkeichenstämme werden massenweise abgeschält und den nächsten Korkbetrieben zugeführt.

Unten:
Gerüschte Festtagskleider werden bei der alljährlich Anfang September angesetzten Romería de la Yedra, einer Wallfahrt nahe Baeza, getragen.

Unten links:
Fiestafreude und Leidenschaft zeichnen die Andalusier aus, hier bei der Feria de la Manzanilla Ende Mai/Anfang Juni in Sanlúcar de Barrameda.

Links:
Überall macht der andalusische Fiesta-Nachwuchs eine gute Figur und wird dafür sorgen, dass auch im dritten Jahrtausend die Traditionen bei der Feria de Abril in Sevilla nicht abebben.

BOOM DES „GRÜNEN TOURISMUS"

Die geschützten Areale, ihre leichte Erreichbarkeit, die von Mitteleuropa hinübergeschwappten Ökotrends, die Medienberichte über Pilgerzüge nach Santiago und Spaniens Radheroen bei der Tour de France – all dies hat das Interesse am Naturraum vor der eigenen andalusischen Haustür geweckt. Mit „grünem Tourismus" beginnt unter den heranwachsenden Generationen Neues zu wurzeln. Weder Mountainbiker noch Wandervögel werden im 21. Jahrhundert als Exoten beäugt – was vor zehn, fünfzehn Jahren anders war. Schließlich trifft der in deutschen Landen besungene Bewegungsdrang „Müllers" für den Traditions-Andalusier nicht zu, das Wandern war von chronischer Unlust geprägt. Frischluft tankte man lieber am Sonntag auf der örtlichen Promenade, in den besten Kleidern, reichlich bestäubt mit Eau de Toilette und gut gerüstet für Klatsch und Tratsch. Unter älteren Andalusiern setzen sich solcherlei Rituale fort, während die Jüngeren ihre bislang unausgelasteten Muskeln in Gang bringen. Der Sport in freier Natur boomt, in den

Unten:
Der breite Sandstrand Playa de los Bateles macht Conil de la Frontera zu einem empfehlenswerten Badeort an der Atlantikküste.

Rechts Mitte:
Im Rahmen des spanischen Erbfolgekrieges wurde der Felsen von Gibraltar 1704 von den Engländern besetzt.

Rechts:
Spaniens sonniger Süden steht ganz im Zeichen des Meeres – zum Beispiel in der historischen Seefahrerstadt Tarifa.

An der Uferpromenade von Cádiz genießt man die besondere Atmosphäre der Stadt.

Buchhandlungen biegen sich die Regale zum Ökotourismus durch, die Beschilderung von Wegen schreitet voran. Man ist auf den Geschmack gekommen, welch ungewohntes Gratis-Erleben Andalusiens Pfade und Wälder bieten. Eigentlich kein Wunder in einem Land, in dem die Sportclubs mit horrenden Aufnahme- und Jahresbeiträgen seit ehedem elitären Grüppchen vorbehalten sind und der Breitensport stets stiefmütterlich behandelt worden ist.

WANDERN IM KIEFERNDUFT

Der sprunghaften Nachfrage nach Landtourismus stehen in Andalusien mittlerweile Angebote von Fahrrad- und Pferdeverleihern und auch an Unterkünften gegenüber. Mitten in Mutter Natur, rustikal und nicht einmal übertreuert. Viele Vermieter haben gleich „Wander-Geheimtipps" parat – zum Beispiel auf alten, von Zweibeinern bislang unausgetretenen Gebirgspfaden der Schafherden. Besonders schöne Wandertouren geht man im Naturpark Sierra de Cazorla, Segura y las Villas an, der zum nordöstlichen Andalusien gehört. Hier entspringt der Guadalquivir, hier tankt man ausgiebig Kiefernduft und schlängelt sich am Oberlauf des Río Borosa und an nackten Felsabstürzen vorbei. Als lohnende Ziele auf Schusters Rappen stechen die Schlucht Cerrada de Elías und der Wasserfall Salto de los Órganos hervor.

DAS REICH VON TARTESSOS UND DIE MACHT DER RÖMER

In vorgeschichtlichen Zeiten stand Andalusien unter Einflüssen aus dem östlichen Mittelmeerraum und brachte mit dem sagenhaften Reich von Tartessos eine erste blühende Hochkultur hervor. Ab etwa 1100 vor Christus ließen sich Phönizier im Küstengebiet nieder, führten Olivenbaum und Töpferscheibe ein und unterhielten Handelsstützpunkte wie Gadir (Cádiz), Malaca (Málaga) und Sexi (Almuñécar). Auf Phönizier, Griechen und Karthager folgte nach dem Zweiten Punischen Krieg (218–201 vor Christus) eine rund 600 Jahre lange Herrschaft der Römer. Mit Itálica setzten sie gleich ein urbanes Glanzlicht ihrer Epoche; in der nordwestlich von Sevilla gelegenen

Unten:
In Sevilla gibt es immer noch Holzbilderwerkstätten, in denen man Marienbildnisse fertigt.

Rechts:
Religiöse Hingabe und Ergriffenheit haben in Andalusien ein besonderes Gepräge. Auf Córdobas Plaza Capuchinos verehren die Gläubigen ein kurioses Christuskreuz (Cristo de los Faroles).

Stadt kamen die späteren Kaiser Trajan (53–117) und Hadrian (76–138) zur Welt. Ihren Reichsverbund stabilisierten die Römer mit Straßen und Brücken, ihre Wirtschaft stützten sie auf den exportorientierten Anbau von Wein und Oliven sowie die Ausbeutung von Bodenschätzen.

MAURISCHES AL-ANDALUS

Auf ein kurzes poströmisches Gastspiel der Vandalen folgten die Westgoten (507–711), unter denen der Katholizismus zur Reichsreligion aufstieg. Ein westgotischer Nachfolgestreit um die Königswürde ebnete den Weg für neue Herren, die 711, angeführt von Tarik ibn Sijad, von Afrika nach Gibraltar übersetzten: moslemische Berber und Araber. Sie nannten ihr neu erobertes Land Al-Andalus, drangen binnen weniger Jahre bis in den Norden der Iberischen Halbinsel vor, scheiterten beim Vorstoß nach Zentraleuropa und konzentrierten ihre Macht in Spaniens Süden. In Córdoba rief die Dynastie der Omaijaden 756 ihr unabhängiges Emirat aus, das Abd al-Rahman III. 929 zum Kalifat erhob und die Macht noch stärker zentralisierte. Die Glanzzeit Córdobas dauerte ein Jahrhundert lang, bis das Großreich in Kleinkönigtümer (taifas) zerfiel. Im 11./12. Jahrhundert machten sich die Dynastien der Almoraviden und Almohaden stark, doch auf Dauer war niemand mächtig genug, dem Druck der Reconquista standzuhalten, der christlichen Rückeroberung Spaniens. Nach Schlachtenerfolgen wie bei Navas de Tolosa (1212) und dem Fall der Städte Córdoba (1236), Jaén (1246) und Sevilla (1248) blieb das muselmanische Terrain schlussendlich auf das Reich der Nasriden von Granada beschränkt – bis der letzte Herrscher Boabdil 1492 angesichts der drohenden Übermacht kapitulierte und den katholischen Königen kampflos das Feld überließ.

seinem almohadischen Minarett (Giralda; heute Glockenturm der Kathedrale) und Granada mit der Alhambra, dem „roten Traumschloss" der Nasriden. Auch andere steinerne Zeugen sind im Strom der Zeit nicht untergegangen: die arabischen Bäder in Ronda und Jerez de la Frontera oder die Trutzburgen von Málaga, Almería und Jaén. Selbst das kulinarische Erbe der Muselmanen hat sich in Form von Mandeln, Marinaden und dem Gebrauch zahlreicher Gewürze erhalten.

Unten:
Als Accessoires zur traditionellen Tracht werden kunstvolle Fächer (abanicos) getragen, die gleichzeitig die größte Hitze vertreiben.

Links:
Die spanische Frau zeigt sich gerne in festlicher Tracht. Dazu gehören Spitzenschleier, die „mantilla" heißen.

WELTBEKANNTE MAURISCHE WERKE

Im Namen Allahs haben die Mauren in Andalusien Monumente von Weltruf hinterlassen, die der Region noch heute ein märchenhaft-orientalisches Flair verleihen – und alljährlich hunderttausende Reisende in ihren Bann schlagen. Zuvorderst das magische Städtetrio: Córdoba mit seiner vom 8. bis zum 10. Jahrhundert in mehreren Phasen erbauten großen Moschee (Mezquita), Sevilla mit

VON DER KOLONIALMACHT ZUR FRANCO-DIKTATUR

Wenden wir uns wieder der geschichtlichen Chronologie zu, sehen wir vom 15. bis 19. Jahrhundert ein Spanien, das zur kolonialen Weltmacht aufsteigt und an seiner Selbstverliebt- und Kriegslüsternheit, an Desorganisation und verkrusteten Strukturen zerbricht. Da vertreibt man die Juden (1492), beutet nach Kräften die Kolonien in Übersee aus, verpulvert die Reichtümer daheim in einem Krieg nach dem andern, setzt auf das politisch-religiöse Machtinstrument der Inquisition, lässt sich während des Erbfolgekrieges Gibraltar entreißen (1704), wird von den Briten bei der Seeschlacht um Trafalgar besiegt (1805) und wenige Jahre darauf im eigenen Land von den Franzosen überrollt, während sich bis 1898 die Kolonien vom labilen Mutterland España lösen. Auch das 20. Jahrhundert bringt zunächst Probleme und Tragik: Wirtschaftsflaute, soziale Zerrissenheit, das Militärregime von Miguel Primo de Rivera (1923–30) und der Spanische Bürgerkrieg (1936–39), bei dem über 500 000 Menschen sterben und der die lange Diktatur von Francisco Franco (bis 1975) nach sich zieht.

Oben:
Über das andalusische Binnenland verteilen sich zahlreiche Burghügel. Besonders schön ist jener von Almodóvar del Río in der Provinz Córdoba.

Rechts:
Im Schatten der Sierra de Cazorla liegt das gleichnamige Örtchen, im Hintergrund überragt von der trutzigen Burg La Yedra.

Spaniens politisch-wirtschaftliche Großwetterlage und Andalusiens Randsituation als oft apostrophiertes „Armenhaus Europas" beginnen sich in den 60er und 70er Jahren mit der Liberalisierung ausländischer Investitionen und der Öffnung des Arbeitskräfte-Ventils nach Mitteleuropa zu wandeln. Der Tourismus an der Costa del Sol keimt auf, die Gelder der Gastarbeiter (darunter jene vieler Andalusier) fließen ins Land, nach Francos Tod (1975) beginnen unter König Juan Carlos I. die wahren Schritte nach vorn. Spanien wird Mitglied der Nato (1982) und der

Andalusien steckt voll von dramatischen, kraftvollen Bildern: hier die Felderlandschaften bei Úbeda.

Europäischen Gemeinschaft (1986) und reißt Massenereignisse wie die Weltausstellung 1992 in Sevilla an sich. Das Politgeschehen – einmal in demokratisches Fahrwasser gelenkt – liegt lange Jahre in Händen der Sozialisten unter Felipe González (1982–96), den José María Aznars konservative Volkspartei ablöst und ihren Wahlerfolg 2000 wiederholt. Kopfzerbrechen bereitet Politikern jedweder Couleur der blindwütige ETA-Terrorismus, der selbst vor andalusischen Lokalpolitikern nicht Halt gemacht hat und trotz jüngster Fahndungserfolge nicht ausgemerzt worden ist.

Als Euro-Land ist Spanien mit glänzenden Wirtschaftsdaten ins 21. Jahrhundert gestartet, muss aber auf manchem Gebiet hart an sich arbeiten, um einen europawürdigen Level zu erreichen. Hier steht die unverändert katastrophale Sozialversorgung an erster Stelle – ohne Kindergeld und mit monatelangen Wartezeiten auf Arzttermine, von der Hoffnung auf rasche Operationen ganz zu schweigen. Faustregel des Lebens und Überlebens: besser nicht krank werden und auch nicht arbeitslos ...

ANDALUSIEN – KLISCHEES UND WIRKLICHKEIT

Spanische Klischees – wie leicht gehen sie in Andalusien auf! Einer archetypischen Region von Fiesta und Siesta, Lärmeslust und Familienbanden, Flamenco und Stierkampf, Sherry und „vino". Einem Winkel Europas, der in Metropolen wie Málaga und Sevilla mit der Moderne Schritt halten und in abgeschiedenen weißen Dörfern so liebenswert rückständig sein kann.

Andalusien hat sich als Stück wahres, authentisches, altes Spanien erhalten. Es ist noch immer ein agrarisch strukturiertes Land. Zwangsläufig stellt sich die Frage: Wie lange noch? Gut, dass man in Spaniens tiefem Süden immer später dran ist als andernorts, im europäischen Durchschnitt in mancherlei Hinsicht ein paar Jährchen oder Jahrzehnte hinterherhinkt. Was Andalusiens eingefleischte „machos" besonders freut. Noch immer pfeifen sie allem hinterher, was jung ist, Brust hat und sich bewegt. Irgendwann wird auch ihre letzte Bastion Andalusien fallen – und die moderne Frau auf die „machos" pfeifen.

ANDALUSIENS OSTEN – GRANADA, ALMERÍA, JAÉN

„Quien no ha visto Granada, no ha visto nada" – „Wer Granada nicht gesehen hat, hat nichts gesehen." Wie wahr! Der geflügelte Spruch ist alles andere als übertrieben, alleine das Panorama von Granadas Aussichtsplateau San Nicolás ist eine ganze Andalusienreise wert, wenn die Blicke über das Flusstal des Darro hinweg zum grünen Kamm der Alhambra gleiten, die wuchtigen Türme und Mauern umspielen und aufsteigen zur Kulisse der Sierra Nevada, Kontinentalspaniens höchstem Gebirge.

Alhambra, „die Rote", trügt – mit voller architektonischer Absicht. Ihr mächtiger zinnenbewehrter Mantel gaukelt uns eine militärische

Seite 26/27:
Nicht immer geht es in Cádiz so beschaulich zu wie hier mit der Fischerbootflotte vor der Festung Santa Catalina. Im ersten Jahresviertel ist die Hafenstadt Schauplatz von ausschweifenden Karnevalsfeiern.

Seite 28/29:
Maurisches Wunderwerk auf einem Bergrücken über dem Darro-Tal: die Alhambra von Granada, das „rote Schloss".

Hoch über Jaén erstreckt sich das Castillo de Santa Catalina über einen weithin sichtbaren Hügel. Die imposante Burganlage geht auf die Mauren zurück.

Trutzburg vor, eine unerstürmbare Zitadelle der Mauren. In ihrem Innern indes öffnen sich die Tore zu Tausendundeiner Nacht, in eine orientalische Märchenwelt. Aus Hecken und Büschen steigen berauschende Düfte, reich ornamentierte Hufeisenbögen zeichnen feine Schatten auf die Steine, als Sinnbild der Reinheit und des Lebens strömt überall Wasser dahin. Es gluckert und gluckst in kleinen Kanälen und Teichen, im Bassin des Myrtenhofs treiben die Spiegelbilder filigraner Arkaden und lassen die Grenzen zwischen Traum und Wirklichkeit verschwimmen – wie alles in der Alhambra von fließender Leichtigkeit scheint. Die Baumeister haben Glauben, Pracht und Symbolkraft zu einer unnachahmlichen Einheit geformt. Inschriften zitieren aus dem Koran und preisen Allah, bunte Keramikbänder und Stuckarabesken laufen über die Wände, rund um den Löwenhof spannen sich – tausendfach geschliffenen Tropfsteinen gleich – verschwenderische Kuppeldekors über die Betrachter.

ARCHITEKTONISCHE WUNDERWERKE DER SULTANE

Rund 200 kurze Jahre lang stolzierten die Sultane durch ihre üppigen Paläste, empfingen Gesandte in der Sala de los Embajadores, riefen die Haremsdamen in ihre Gemächer. Derweil schnürte sich der Gürtel der Reconquista enger und enger zu, bis Granada als letztes islamisches Bollwerk auf spanischem Boden alleine dastand. Die Heere der Katholischen Könige rückten der Stadt zu Leibe und zwangen sie nach Monaten der Belagerung in die Knie. Am 2. Januar 1492 war es soweit. Nach kampfloser Übergabe zog Granadas letzter Nasridenregent Boabdil mit den Seinen davon, blickte von einer Anhöhe zurück, soll Tränen vergossen und obendrein den Zorn der eigenen Mutter zu spüren bekommen haben: „Was flennst du wie ein Weib um eine Stadt, die du als Mann nicht verteidigt hast!"

Rechts:
Nicht immer müssen es Monumentalwerke sein. Typisch für das Alpujarras-Gebirge sind kleine malerische Dörfer wie hier Fondón mit seinem Brunnen.

Mitte oben:
Häufig – wie hier in Cazorla – sieht man zum Trocknen aufgehängte Paprikastränge.

Mitte unten:
In Granadas altarabischem Stadtviertel Albaycín bestimmen „carmenes", ansehnliche Villen, wie die Carmen de Media Luna die Atmosphäre des Stadtteils.

Gut, dass sich Boabdil nicht auf Gefechte eingelassen hatte. Wer weiß, was geblieben wäre vom Wunderwerk der Alhambra, dem Lustsitz Generalife und dem Stadtviertel Albaycín mit seinem engen Gassengeflecht, den kalkweißen Fassaden und romantischen Plätzchen. Gleichwohl setzten die „christlichen" Streiter ihr Zeichen des Sieges. Mitten im Alhambra-Gelände, zwischen Vorburg und Palastbereich, ebneten sie eine Reihe nasridischer Bauten ein und wuchteten – finanziert durch den Tribut in Spanien verbliebener Muslime – den Renaissancepalast Carlos V. in die Höhe.

KUNSTHISTORISCHE SCHATZTRUHEN – ÚBEDA UND BAEZA

Apropos Renaissance. Úbeda und Baeza, altadelige Schwesternstädtchen weit nördlich von Granada und bereits zur Provinz Jaén gehörig, öffnen sich als kunsthistorische Schatztruhen und bündeln Dutzende Monumente auf engstem Raum

– von Baezas steinernem Zuckerbäckerwerk des Palacio de Jabalquinto bis zum Hospital de Santiago in Úbeda. Die Provinzhauptstadt Jaén zählt zu Andalusiens stillen, aber bekanntermaßen tiefen Wassern. In typischen Kneipen (tascas) gibt man sich den Freuden von „tapas" und „vino" hin, tritt in die mächtige Renaissancekathedrale hinein und steigt im Palacio de Villardompardo zum verwinkelten Komplex arabischer Bäder hinab. Über allem thront das Wahrzeichen Jaéns:

der Santa-Catalina-Berg mit seinem Felsenkastell, ursprünglich Werk der Mauren und längst in eines der landesweit schönsten Nobelhotels verwandelt. Der Ausblick vom Festungsplateau gibt einen Vorgeschmack auf Andalusiens Küche. So weit das Auge reicht, wellen sich Olivenbaumhaine über die Hügel und bringen eines der besten spanischen Speiseöle hervor. Cazorla, ebenfalls Olivenhochburg, bekommt durch die Lage seine besondere Würze. Vom Falkenfelsen und der mittelalterlichen La-Yedra-Feste überragt, bildet das quirlige Vorgebirgsstädtchen das Tor zum Naturpark Sierra de Cazorla, Segura y las Villas – eine 214 000 Hektar große Spielwiese für Wildromantikfans mit Wasserfällen und Tälern, Schluchten und Schwarzkiefernwäldern, der Quelle des Río Guadalquivir und dem türkisfarben glitzernden Stausee El Tranco de Beas.

Auch die Provinz Granada bietet ihren speziellen Naturmix – ob schroffe Felsformationen der Höhlenstadt Guadix, die Costa Tropical mit ihren Küstenperlen Salobreña und Almuñécar oder die Wintersportgebiete in der knapp 3500 Meter hohen Sierra Nevada. Eine Entdeckung für sich ist das Gebirge der Alpujarras mit herrlichen weißen Dörfern wie Pampaneira, dem Schinkenort Trevélez und schmalen Sträßchen, die nach reichlich Zeit verlangen und ein Kurven-Survival für jeden Magensensiblen sind.

Im weiten Osten Andalusiens, diesseits und jenseits des Cabo de Gata, braten sich Strandfans an der Costa de Almería knusprig – und garnieren ihr persönliches Urlaubsmenü mit Happen und Häppchen an Kultur, Natur und Ausgehlust. Von Ferienzentren wie Aguadulce und Roquetas de Mar ist es ein Katzensprung hinüber ins quicklebendige Almería, das mit seiner gewaltigen Festung Alcazaba an die Mauren erinnert. Erst 1489 brachten Spaniens Heere „Al-Mariyya", den „Spiegel des Meeres", in ihre Gewalt. Ein Muss auf dem Besuchsprogramm, in Almería wie in Granada: „tapas-Streifzüge" durch die Kneipen der Altstadt, geleitet von Instinkt und verführerischen Gerüchen.

Oben:
Von Granadas Albaycín-Viertel aus bieten sich unvergessliche Ansichten der Alhambra und der schneebedeckten Sierra Nevada.

Oben und rechts:
Rund um das Cabo de Gata in der Provinz Almería hat Mutter Natur bizarre Felsformationen modelliert (oben), während Flachland das Strandgebiet nahe der alten Salinen prägt (rechts).

Seite 34/35:
Wichtigstes Baudenkmal Almerías ist die von den Mauren erbaute Alcazaba, die einst bis zu 20 000 muslime Streiter aufnehmen konnte. Zu ihren Füßen liegt das Stadtviertel La Chanca.

Links:
Die Ausläufer des wüsten Landstrichs Cabo de Gata stoßen auf das flache im Abendlicht schimmernde Meer an der Playa del Mónsul.

Unten:
Auf der ins Meer ragenden Landspitze der Sierra del Cabo de Gata steht der Leuchtturm Wache.

Rechte Seite:
In der Fischersiedlung San José gehört das Flicken der Netze noch zum Alltag der Fischer.

Die Fischerboote im Hafen von San José bieten einen malerischen Anblick. Das Fischerdörfchen ist eine der wenigen Ortschaften im zum Naturschutzgebiet erklärten Parque Natural Cabo de Gata-Níjar.

Der große Strom der Besucher macht noch immer einen Bogen um das Naturschutzgebiet Cabo de Gata. So können die Straßen von Salinas del Cabo de Gata noch eine wohltuende Ruhe ausstrahlen.

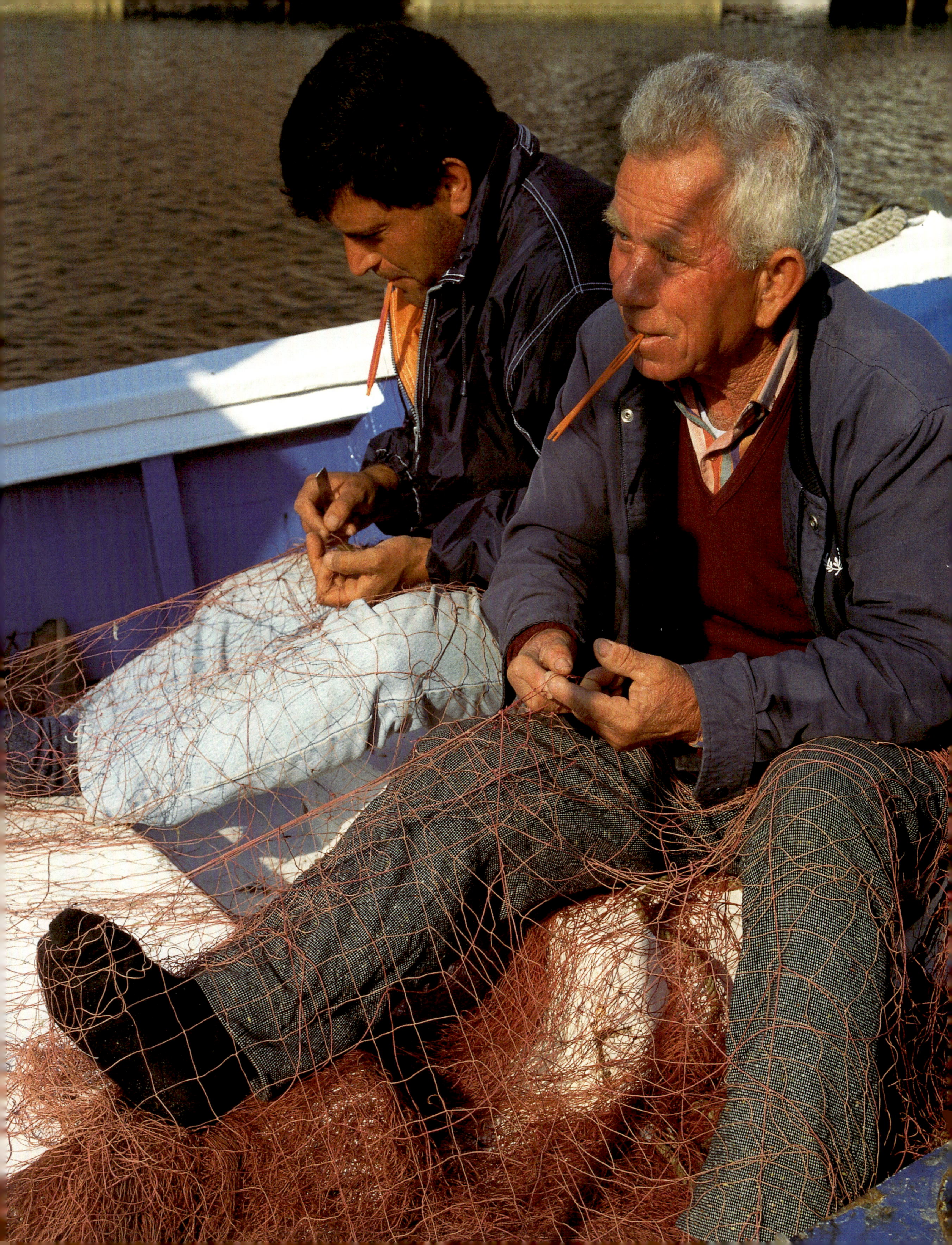

Vielfach unberührte Strände zeichnen den östlich von Almería gelegenen Naturpark Cabo de Gata-Níjar aus: die Playa de los Genoveses (unten), die Playa del Mónsul (ganz unten) und die Playa del Peñón Blanco (rechts).

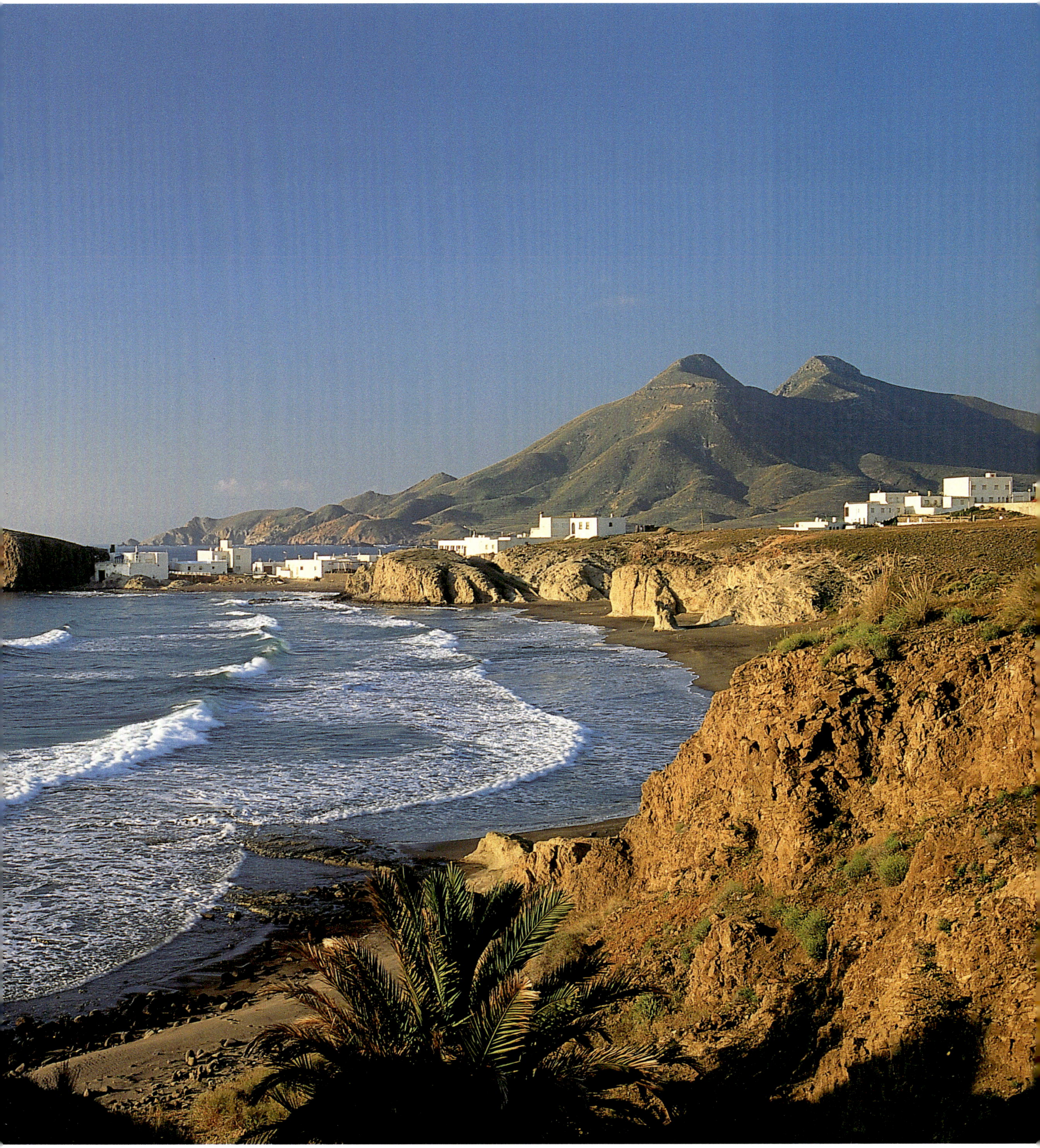

Unten:
Vélez Blanco wird von dem Castillo de los Fajardos gekrönt, einer Renaissanceburg aus dem 16. Jahrhundert.

Rechts:
Im Hinterland der Provinz Almería verbergen sich stille landschaftlich-kulturelle Schmuckstücke: Níjar liegt 356 Meter hoch am Fuß des Huebro.

Rechts:
Vélez Blanco, das „weiße Vélez", liegt an den Ausläufern zweier Gebirge, der Sierra de María und der Sierra del Gigante, und bietet mit dem Berg La Mula einen besonders spektakulären Anblick.

43

DIE WÜSTEN LANDSTRICHE VON
ALMERÍA

Mitte:
Bei 320 Sonnentagen im Jahr ist es kein Wunder, dass in der Halbwüste mit der Gewinnung von Solarenergie experimentiert wird.

Rechts und rechts Mitte:
Ganz wie im Film geht es nach wie vor im Kulissendorf „Mini-Hollywood" zu, wo Reit- und Westernshows die Kasse klingeln lassen.

Unten:
Das Schild zeigt den Weg nach „Western Leone" – hier kann man Kino in Wirklichkeit sehen.

Flirrende Hitze, Staub, kein Lüftchen regt sich. Von schrundigen Kämmen und tiefen Spalten zerfurcht, liegt das Ödland da und glüht vor sich hin. Baumlos, menschenfeindlich – und fesselnd. Fehlt nur noch Hollywoodheld Charles Bronson, der plötzlich aus der Weite heranpresch, vom Pferd springt und uns auf der Mundharmonika das „Lied vom Tod" spielt.

WESTERNKULISSE ALMERÍA

Seit den 60er Jahren geben die kargen Landstriche der Provinz Almería ideale Filmkulissen ab. Eine wahre Wohltat für Westernfans, denn die hatten seit den Zeiten John Waynes auf die immerselben Steppengebiete Arizonas geschaut. Inmitten von Almerías Dornensträuchern und Kakteen begannen die Drehteams nun neue Schauplätze abzugrasen. Knallharte Westernhelden bestanden hier ebenso ihre Abenteuer wie „Lawrence von Arabien" und – in jüngerer Zeit – „Indiana Jones". Stars wie Clint Eastwood, Burt Lancaster und Claudia Cardinale schwitzen vor den Kameras um die Wette – schließlich breitet sich hier eines der regenärmsten Gebiete Europas aus. Besonders trocken zeigt sich die Desierto de Tabernas, die „Tabernas-Wüste", in der Revolverhelden unverändert ihr Unwesen treiben. Genauer: im Filmdorf Mini-Hollywood, das Besucher mit Stunt- und Westernshows anlockt, Banküberfälle inklusive. „Far west" und „Highnoon" für jedermann – mit einer Handvoll Euro ist man dabei.

GOLD UND ANDERE REICHTÜMER DER ERDE

Weiter südlich bäumt sich der Zwischengebirgszug Sierra de Gata bis zu 500 Metern hoch auf und stürzt mit seinen Flanken ins Meer. Dort, im Parque Natural Cabo de Gata-Níjar, steht die raue Natur auf 34 000 Hektar unter Schutz. An einigen wenigen Stellen breiten sich Espartogräser, Agaven und Thymiansträucher über die Erdkruste, die sich vor acht Millionen Jahren durch vulkanische Eruption gebildet hat. Stülpnasenottern und Sandläufer, Skorpione und Geckos, Perl- und Mauereidechsen finden hier ihren Lebensraum. Was nicht heißt, dass der Naturpark vom Menschen unbeleckt geblieben ist. Goldwäscher zog es einst in die Minen von Rodalquilar, andere Glücksritter setzten auf das „weiße Gold" Salz und schöpften ihre Gewinne aus den „salinas" von Almadraba de Monteleva. Heute hat der Tourismus im Trockengebiet längst seine Schatten voraus geworfen. Mit Leihfahrrädern ruckeln Besucher über Straßen und Pisten des Parque Natural, der Küstenort San José kündigt sich mit Unterkünften und Sporthäfen an.

Das „Katzen-Kap", Cabo de Gata, formt den südlichsten Festlandpunkt im Naturpark. Den Klippen sitzt ein Leuchtturm auf, in Sichtweite brechen sich die Wellen an schroffen Felseninseln. Unter Wasser spürt man eine vielgesichtige Welt auf, angeführt von Brassen, Muränen und Riesenzackenbarschen. Mit festem Boden unter den Füßen, wendet man sich den Dünen am Golfo de Almería zu und stellt per Fernglas Flamingos scharf, die an den alten Salinen Station machen. Und nordöstlich des Cabo de Gata eröffnen sich romantische kleine Badebuchten, an denen man eines vergeblich sucht: Schatten.

Oben:
Das Halbwüstengebiet bei Tabernas zeigt sich sonst meist schroff und abweisend und hat schon häufig als natürliche Filmkulisse gedient.

Oben links:
Die Wüste lebt – zumindest nach Regenfällen in der Halbwüste bei Tabernas, Provinz Almería.

Unten:
Der Generalife liegt oberhalb von Granadas Alhambra und diente den nasridischen Herrschern als Lustsitz. Faszinierend sind Grünanlagen und Wasserspiele im Patio de la Acequia.

Rechts:
Auch der Blick vom Generalife auf dem Silla del Moro hinab auf das trutzige Äußere der Alhambra ist von großer Faszination.

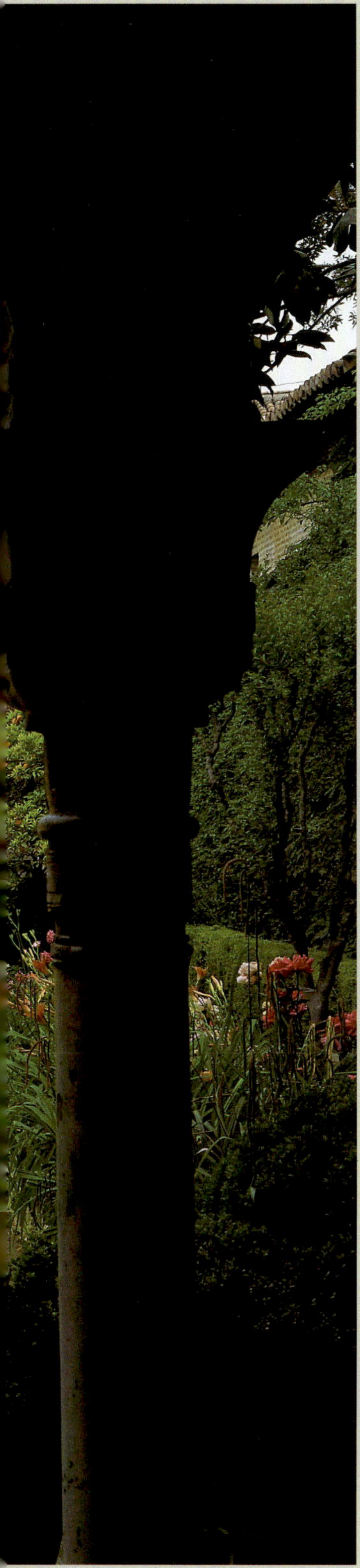
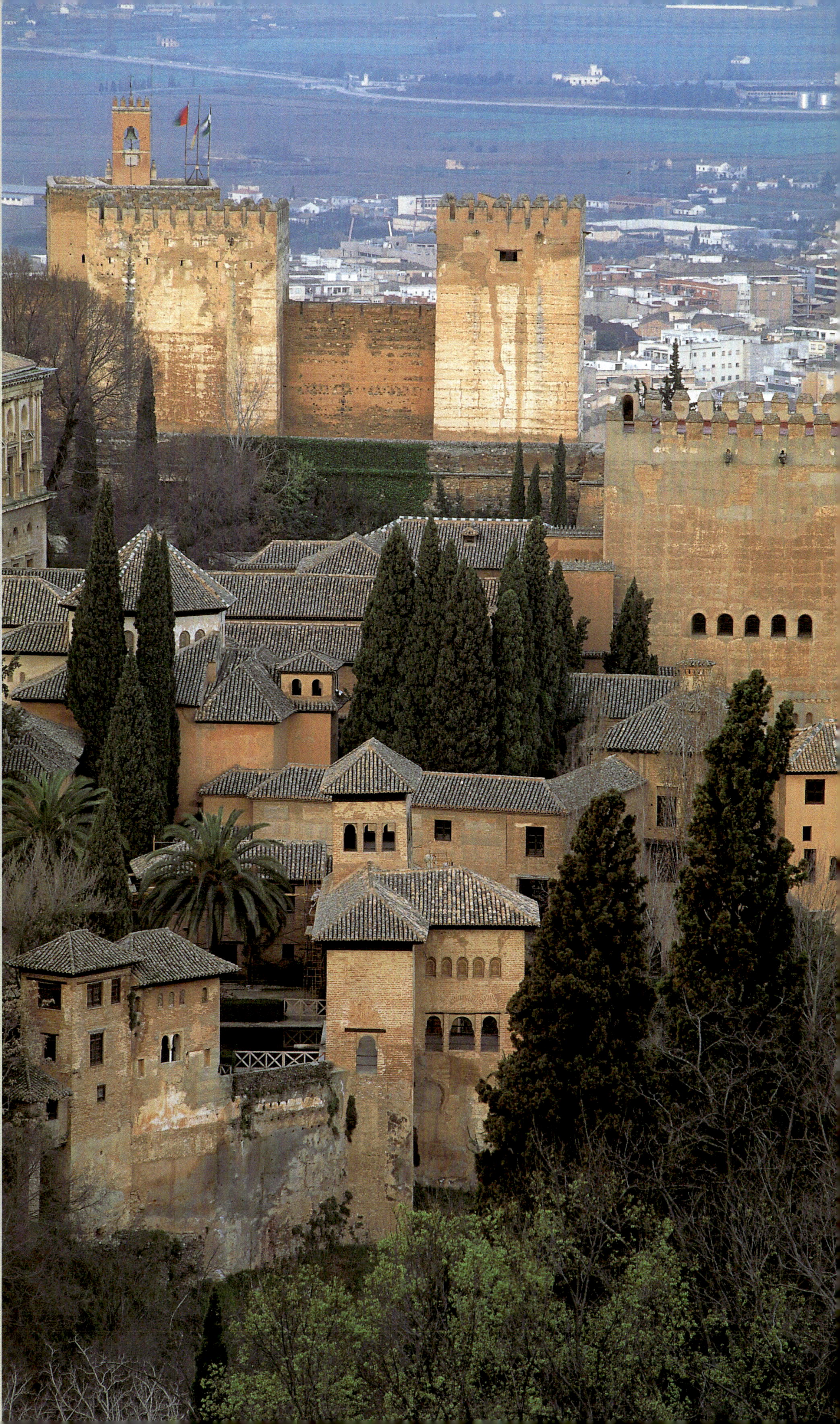

In der Alhambra folgt ein Höhepunkt dem anderen. Voll filigraner Leichtigkeit zeigt sich die kuppelüberzogene Sala de las dos Hermanas.

Säulen tragen das flimmernde Stalaktitengewölbe, die das feste Rund der steinernen Löwen im Patio de los Leones umstehen.

Rechte Seite:
Die strenge Linie von Wand und Decke ist im Löwenhof aufgelöst durch Säulen und schwerelos wirkende, schimmernde Gewölbe.

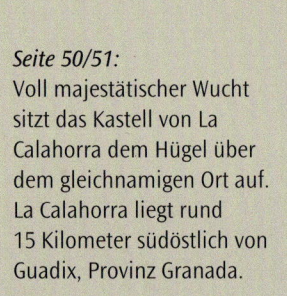

Seite 50/51:
Voll majestätischer Wucht sitzt das Kastell von La Calahorra dem Hügel über dem gleichnamigen Ort auf. La Calahorra liegt rund 15 Kilometer südöstlich von Guadix, Provinz Granada.

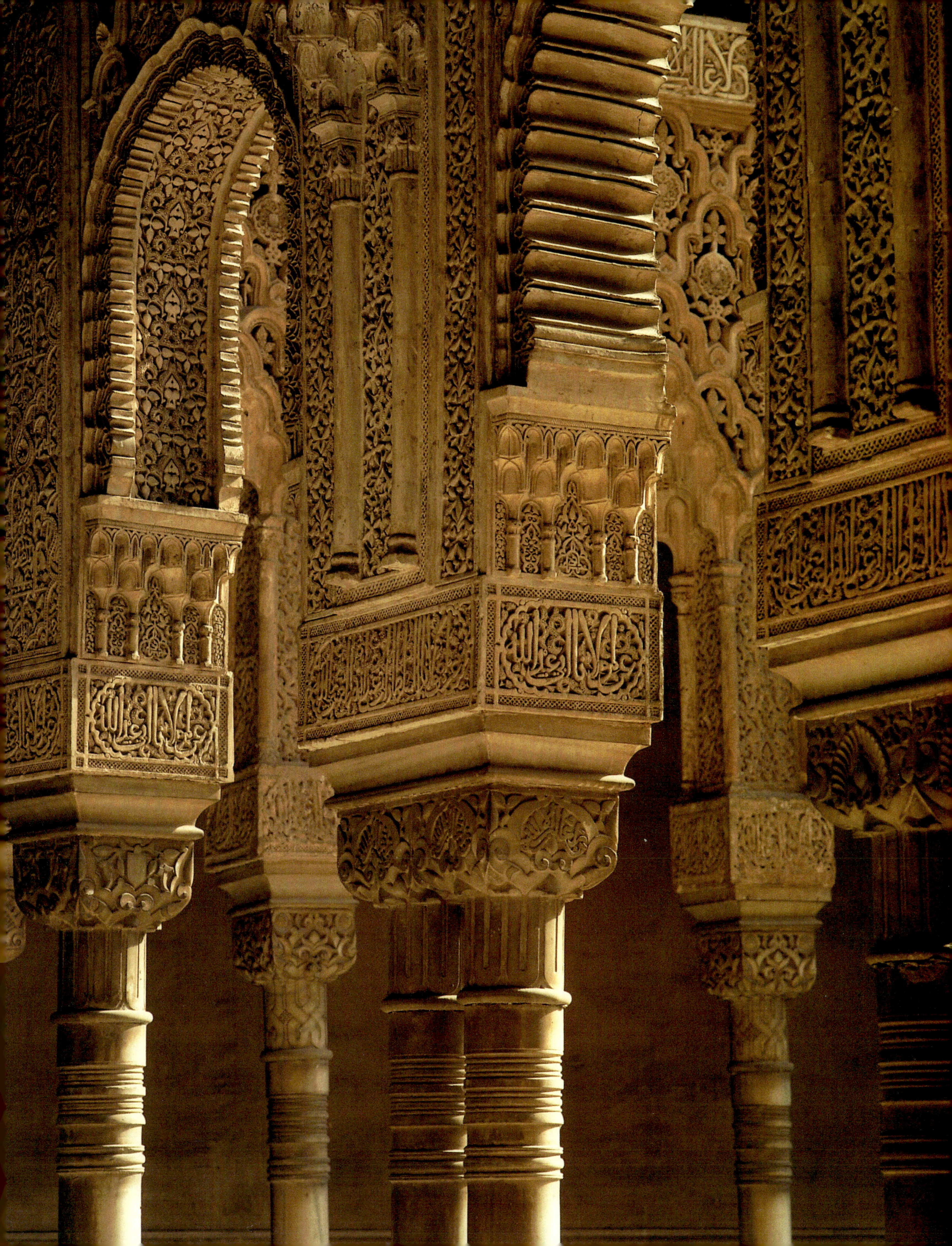

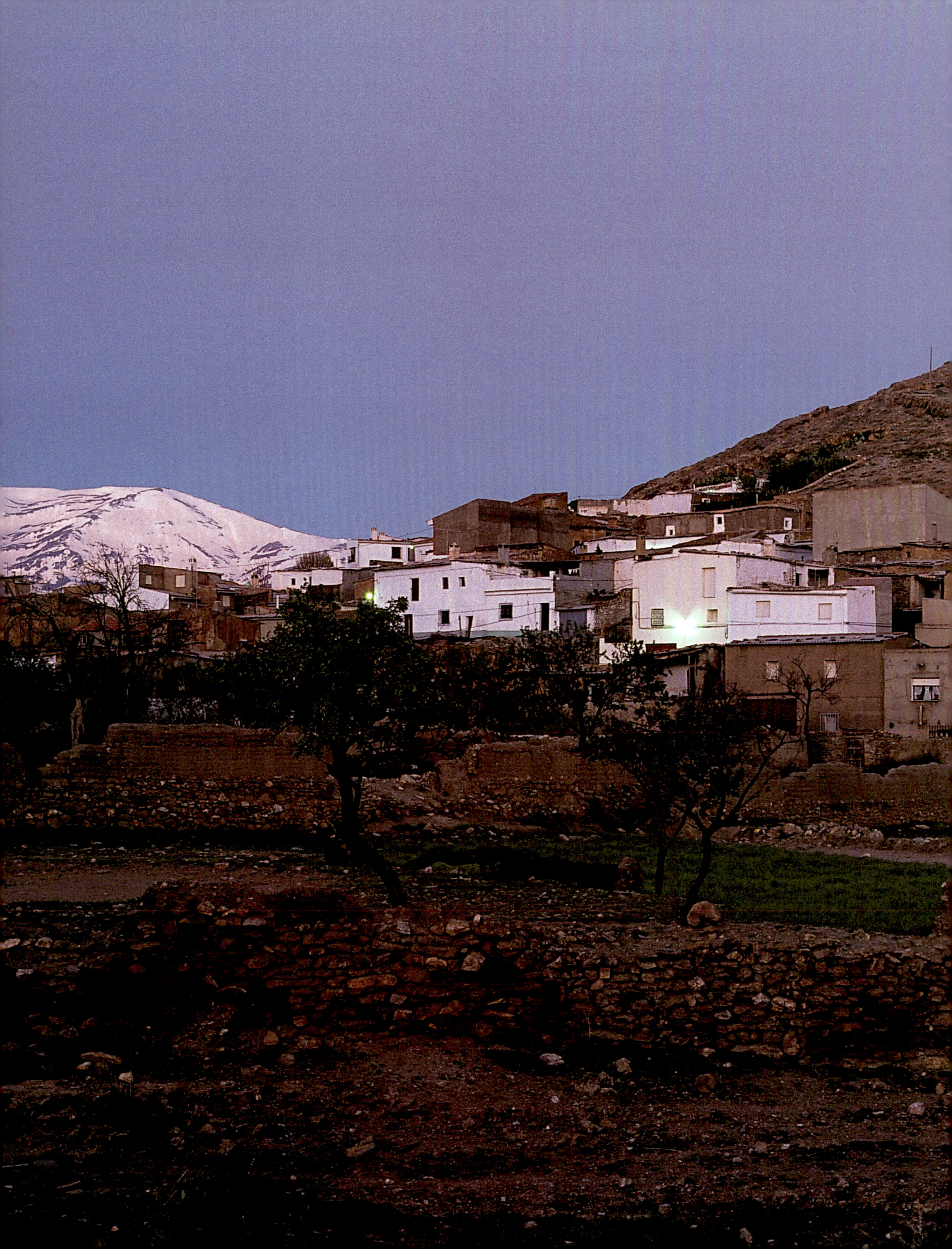

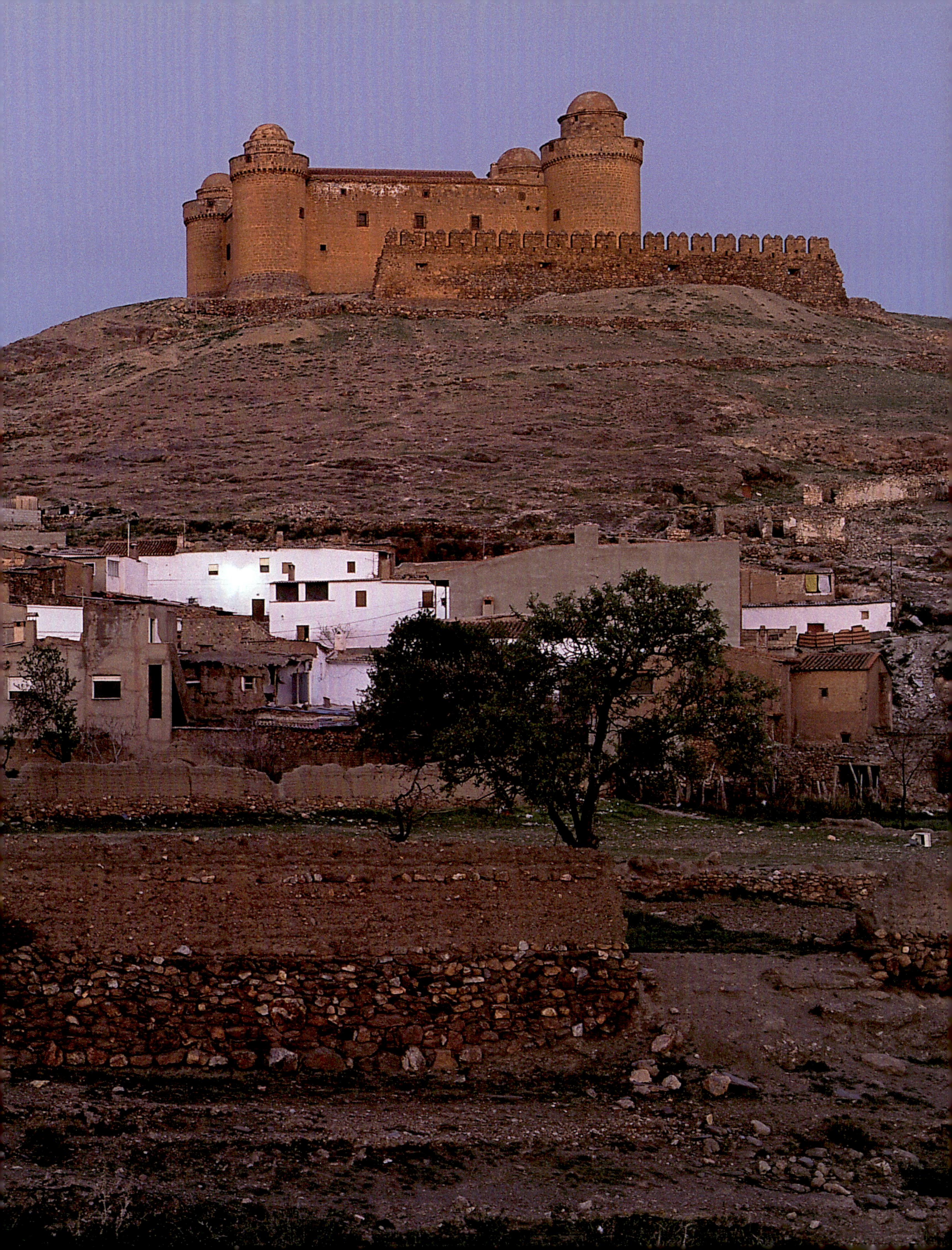

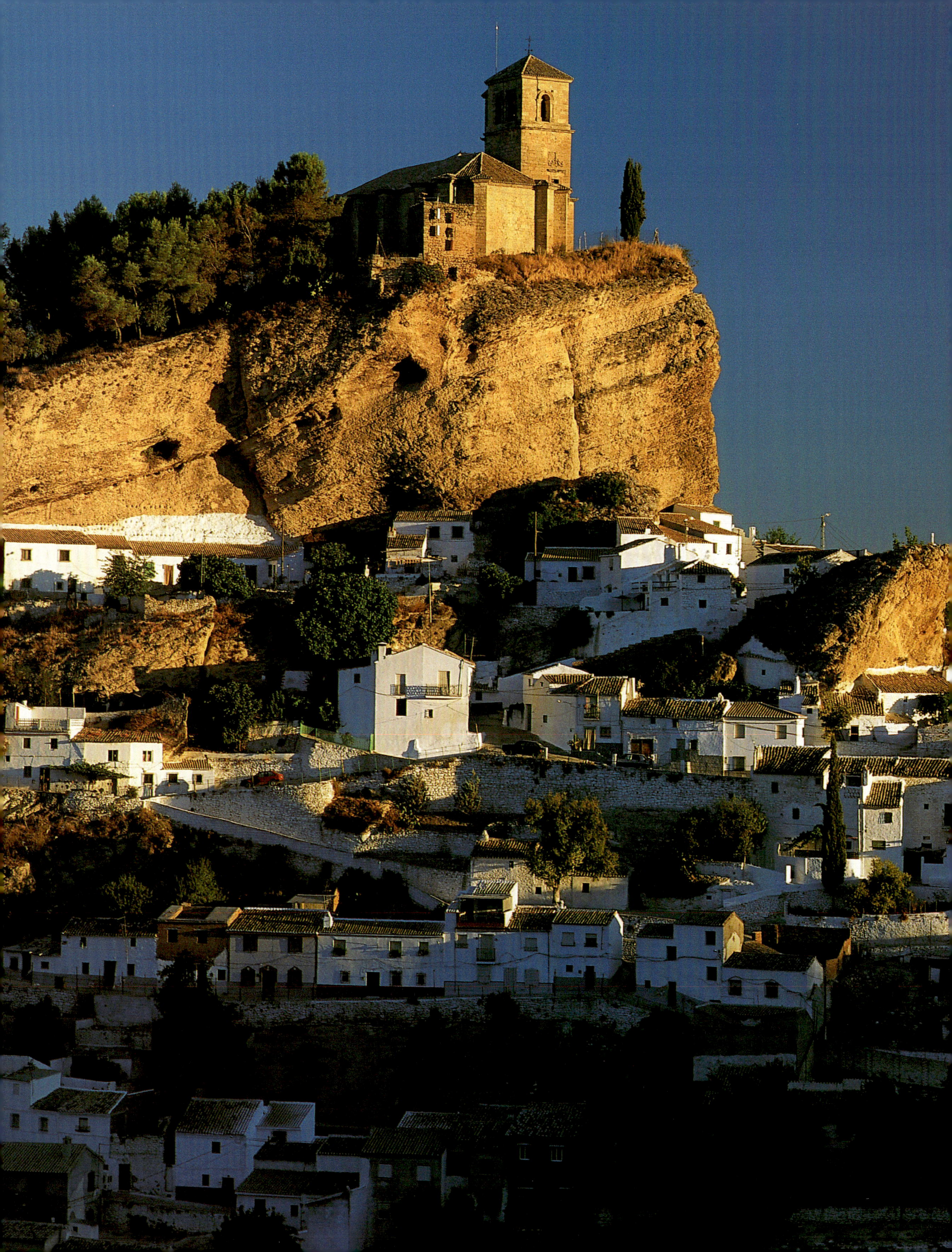

Linke Seite:
Das Haus Gottes steht dem Himmel naturgemäß ein Stückchen näher – die Kirche Santa María im granadinischen Örtchen Montefrío.

Unten links und rechts:
Viele Andalusier sind einfache, fleißige Leute: ob der Eseltreiber im Alpujarras-Ort Lanjarón oder der Verkäufer in Úbeda.

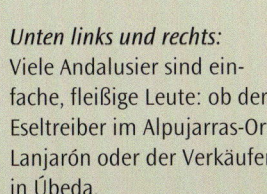

Seite 54/55:
Mit seinen unvermindert genutzten (Wohn-)Höhlen und den dazugehörigen weißen Luftabzugsschächten bietet Guadix seltsame Ansichten. Mittlerweile sind einige Höhlen als touristische Unterkünfte hergerichtet worden.

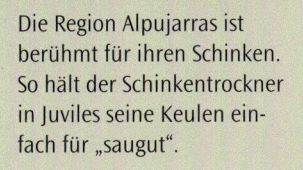

Die Region Alpujarras ist berühmt für ihren Schinken. So hält der Schinkentrockner in Juviles seine Keulen einfach für „saugut".

Die Café-Bar Moreno in La Calahorra, Provinz Granada. In Bars und Cafés gibt es zumeist verschiedene Preise, je nachdem, wo man seine „tapas" verzehrt: Im Stehen, im Sitzen oder draußen sitzend, was am teuersten ist.

53

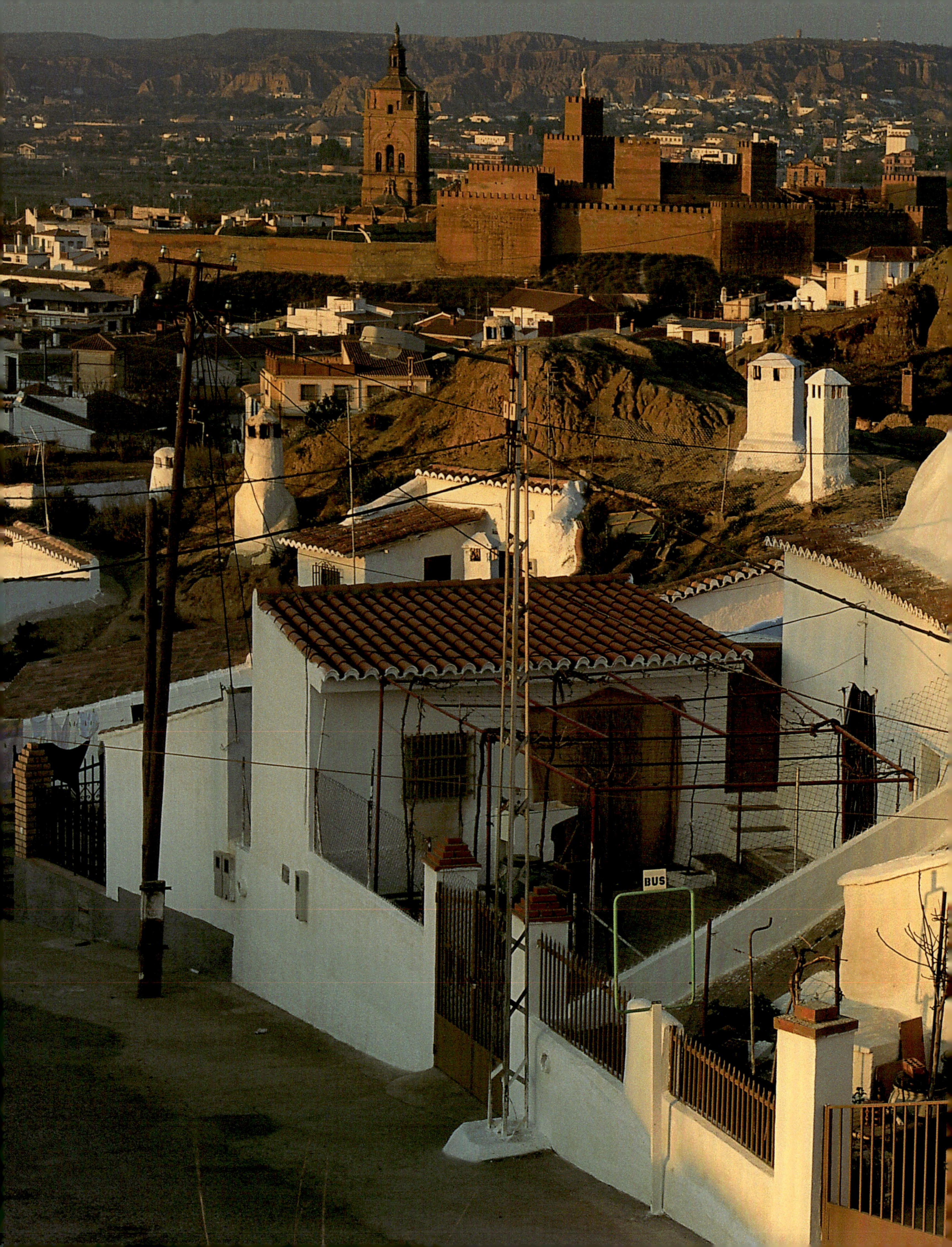
BUS

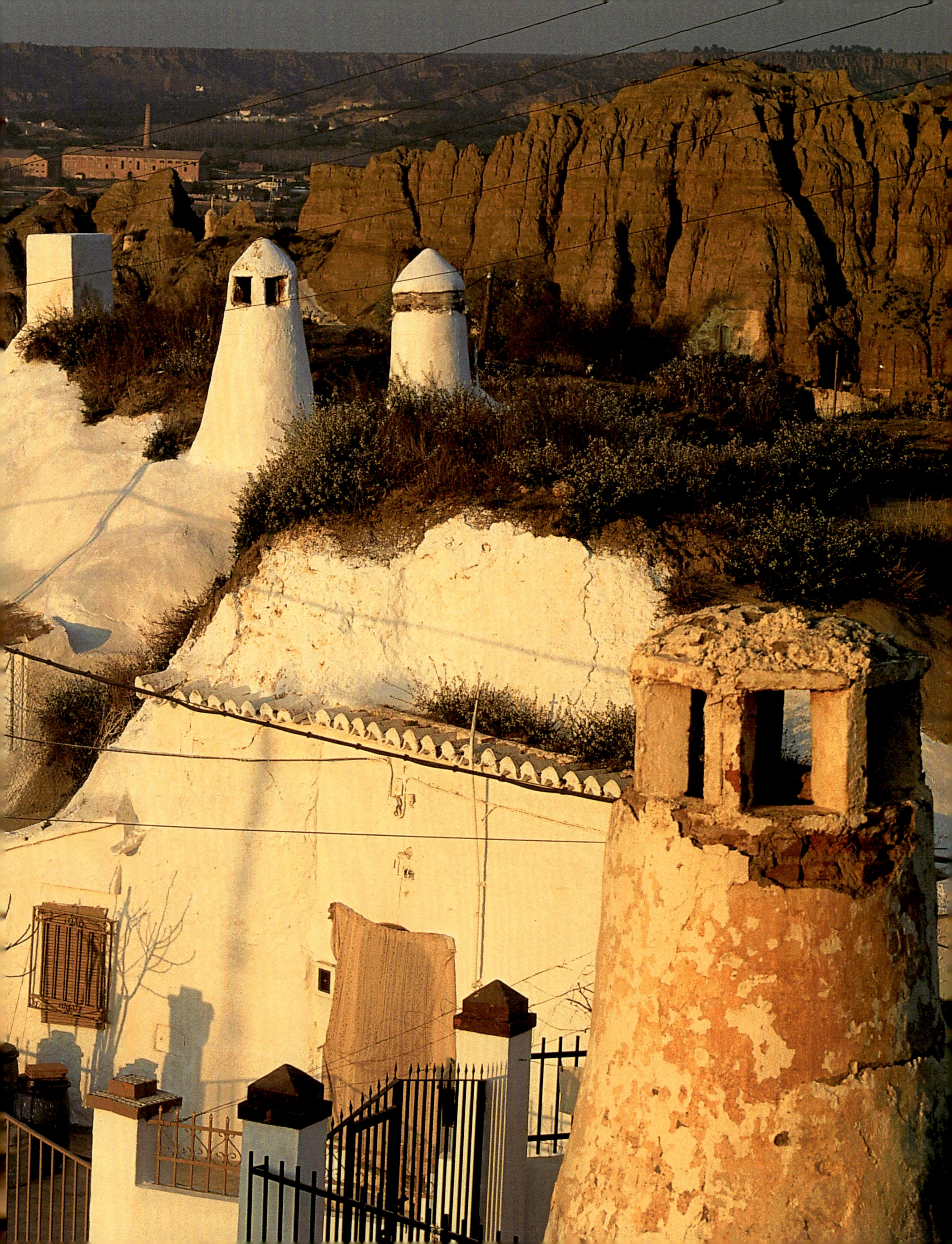

Unten und rechts:
Im Alpujarras-Gebirge stehen Besuchern gemütliche Landunterkünfte wie das Hotel Alquería de Morayma bei Cádiar offen. Im Inneren des Hotels kann man den Abend bei einem prasselnden Kaminfeuer genießen.

Rechts:
Im Hotel Alhambra Palace beeindruckt nicht nur der feudale Salon, sondern auch die grandiosen Blicke über Granada.

Unten:
Andalusien bietet Übernachtungsgästen reichlich Gelegenheit, sich unter vielen Sternen feudal zu betten und Tafelfreuden hinzugeben, zum Beispiel im Speisesaal des granadinischen Hotels Washington Irving.

57

KULINARISCHES ANDALUSIEN

VON »TAPAS« BIS ZU »TORTILLA DE SACROMONTE«

Rechts:
Typisch spanisch ist die Paella, ein Reisgericht mit verschiedenen Sorten Fleisch, Fisch, Gemüse und anderem.

Unten:
Das bunte Allerlei der berühmten „tapas" kann einen ersten Einblick in die Vielfalt und Qualität der andalusischen Küche bieten.

Der Boden der Bar sieht widerlich aus – ein lupenreines Aushängeschild an Schmutz, die beste Werbung in eigener Sache. Über den Sägemehlteppich verteilen sich Olivenkerne und Kippen, entsorgte Zahnstocher und Servietten aus Papier. Ihr Miteinander setzt sich zum Gütesiegel der Kneipe zusammen, denn die Flut an Kehricht zeigt an und ermuntert: Hier waren schon Hunderte vor uns, hier scheint es große Klasse zu sein, Attacke auf den Tresen! Eben dort kommt es weniger auf maßloses Einspritten an, als auf hautengen sozialen Kontakt und die Flut der magischen „tapas", das bunte Appetithäppchen-Allerlei. Ob ein Teller voller Oliven, ein Stück Leberpastete oder ein köstlicher kleiner Sardellenfriedhof mit Knoblauch.

SCHLEMMERKLEIN-KUNST IN DER HÄPPCHENWELT

Merke: Eine andalusische Bar ist nur so gut wie ihre „tapas". Wobei die Häppchen-Welt keine Grenzen kennt und viele Kneipiers die Schlemmerkleinkunst mit Spezialitäten des Hauses zelebrieren. In Form von „canapés" zum Beispiel, kleinen Weißbrotscheiben, die sie mit Schinken belegen, mit Olivenöl beträufeln und per Pfeffermühle mit feurigen schwarzen Häubchen versehen. In einer Stadt wie Granada gehören „tapas" gratis zum „vino" – ein Prosit auf die Gemütlichkeit und unvergessliche „tapeos", Streifzüge von Bar zu Bar. So ziehen wir von einem Dunstkreis zum nächsten, brüllen uns – gegen den Dezibel-Mix aus Lautsprechern und andalusischem Temperament – die Bestellungen aus der Lunge und sehen nach dem zehnten Stopp unsere Sinne umnebelt. Wo, verdammt, war die Kneipe mit den sagenhaften Schafskäse-tapas, um jetzt die Nacht zu beschließen? Vergeblich beginnen wir in der trüben Erinnerungsbrühe zu fischen und entschließen uns spontan: Beginnen wir noch 'mal von vorn ...

Oben links:
Liebhabern kulinarischer Genüsse läuft in Andalusien das Wasser im Munde zusammen. Vor allem, wenn sie an luftgetrockneten Schinken (jamón serrano) denken.

Oben:
Besonders gut schmeckt die Paella natürlich bei sommerlichen Temperaturen und einer Flasche guten Weines.

Links oben:
Eine heiße Angelegenheit ist das Ausbacken der „churros", Kringel, die in Fett gegart werden.

Links:
Den Appetit regen die fangfrischen Auslagen auf den Fischmärkten an, hier in Conil de la Frontera.

Andalusiens lukullischer Ruhm stützt sich nicht auf „tapas" allein. Fang-, jagd- und erntefrisch kommen Sardinen, Garnelen, Kaninchen und Fenchel auf den Tisch. Oder der typische „gazpacho andaluz", eine raffinierte kalte Suppe aus pürierten Tomaten, Gurken, Knoblauch, Olivenöl, Paprika und aufgelöstem Weißbrot. Schweinisches Erleben garantiert der „jamón serrano", roher luftgetrockneter Schinken, der zwar in ganz Spanien seinen besonderen Ruf genießt, doch in zwei andalusischen Bergdörfern des Alpujarras-Gebirges und der Sierra Morena anerkannte Spitzenqualität hervorbringt: in Trevélez und Jabugo. Kenner wissen: Keule ist nicht gleich Keule, aromatisch entscheidend sind die mit Steineichen-Eicheln ernährten Borstenviecher und die Lager- und Ausfettzeit ihrer fleischlichen Reste im Höhenklima.

In der Andalusier Munde sind auch Blutwurst (morcilla), in jedweder Form eingelegte Oliven (aceitunas), weiße Knoblauchsuppe mit Mandeln (ajoblanco), geröstete Brotwürfel (migas) und die „sopa de picadillo", eine Suppe aus Kichererbsen, Kartoffeln, Ei, Reis und Schinken. Als traditioneller Hungerstiller dient das Kartoffelomelette (tortilla de patatas), während die nach Granadas Hausberg benannte „tortilla de Sacromonte" nur die Geschmacksnervenstärksten erbauen dürfte: ein goldgelb gebratener Eierkuchen mit Lammhirn und Hammelhoden.

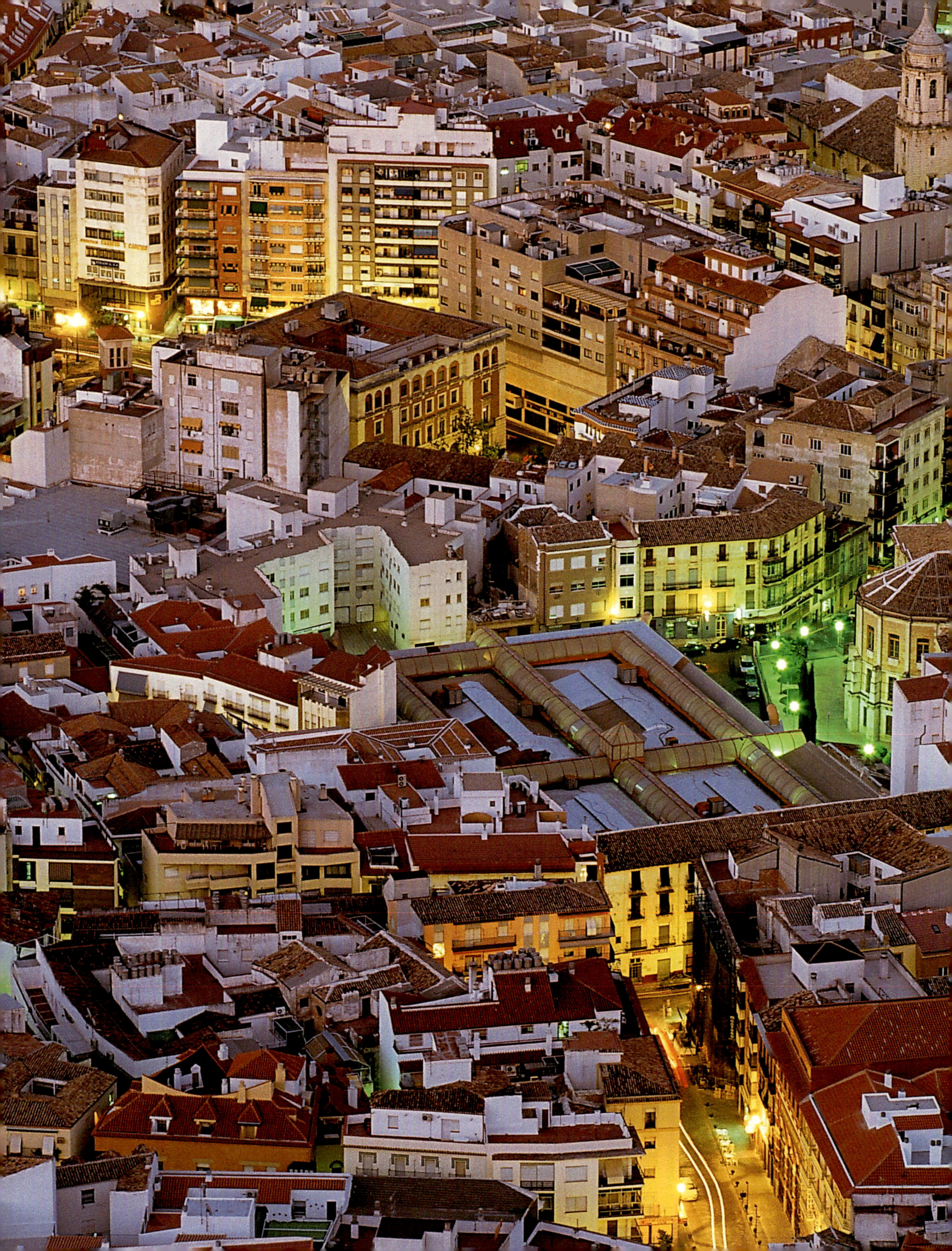

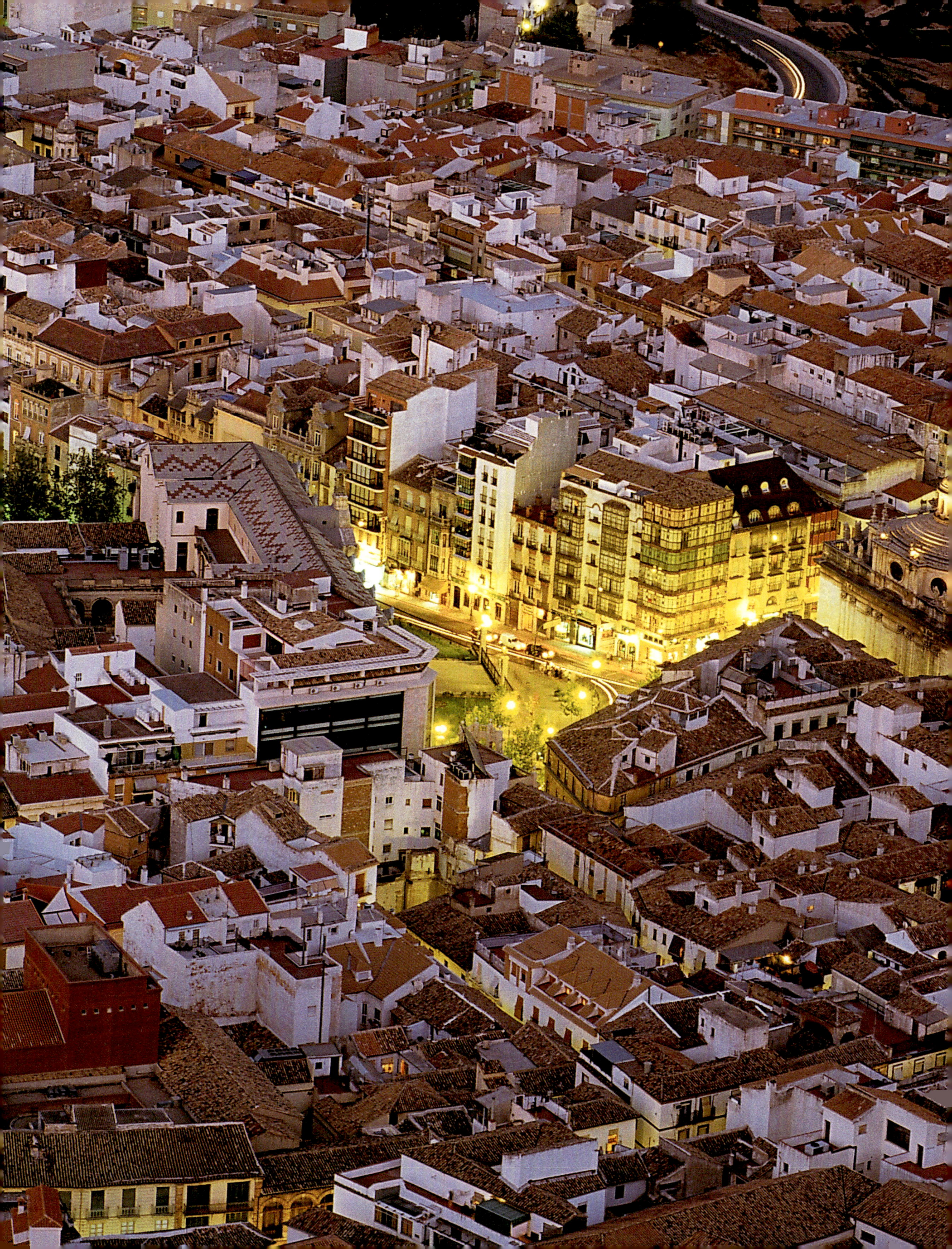

Oben:
Das 16 000-Einwohner-Städtchen Baeza versetzt Besucher mit seinem Reichtum an Monumenten ins Staunen. Prunkstück ist der überreich verschnörkelte Palacio de Jabalquinto aus dem 15./16. Jahrhundert.

Rechts:
Die Fassade des Palacio de Jabalquinto ist im so genannten „isabellinischen Renaissancestil" geschmückt, der sich aus der Formensprache der Gotik und der Mauren bedient.

Seite 60/61:
Jaén zählt zu den Stilleren im Lande, doch braucht sich die Provinzhauptstadt mit ihrer baulichen Pracht nicht hinter anderen zu verstecken. Den schönsten Überblick hat man vom Felsenkastell Santa Catalina.

Links:
Überraschende Innenansichten aus Jaén: Die erst 1913 unterhalb des Palacio de Villardompardo entdeckten maurischen Bäder aus dem 11. Jahrhundert sind erst seit 1984 der Öffentlichkeit zugänglich.

Unten:
Die Festung Santa Catalina in Jaén wurde in Teilen in ein Luxushotel umfunktioniert. So kann man im Kuppelsaal des Hotel Parador der fernen Vergangenheit im neuzeitlichen Komfort gedenken.

Seite 64/65:
Strategisch günstiger Startpunkt für einen Stadtrundgang in Baeza ist die Plaza del Pópulo mit ihrem zentralen Löwenbrunnen und dem zinnengekrönten Villalar-Torbogen aus dem 16. Jahrhundert.

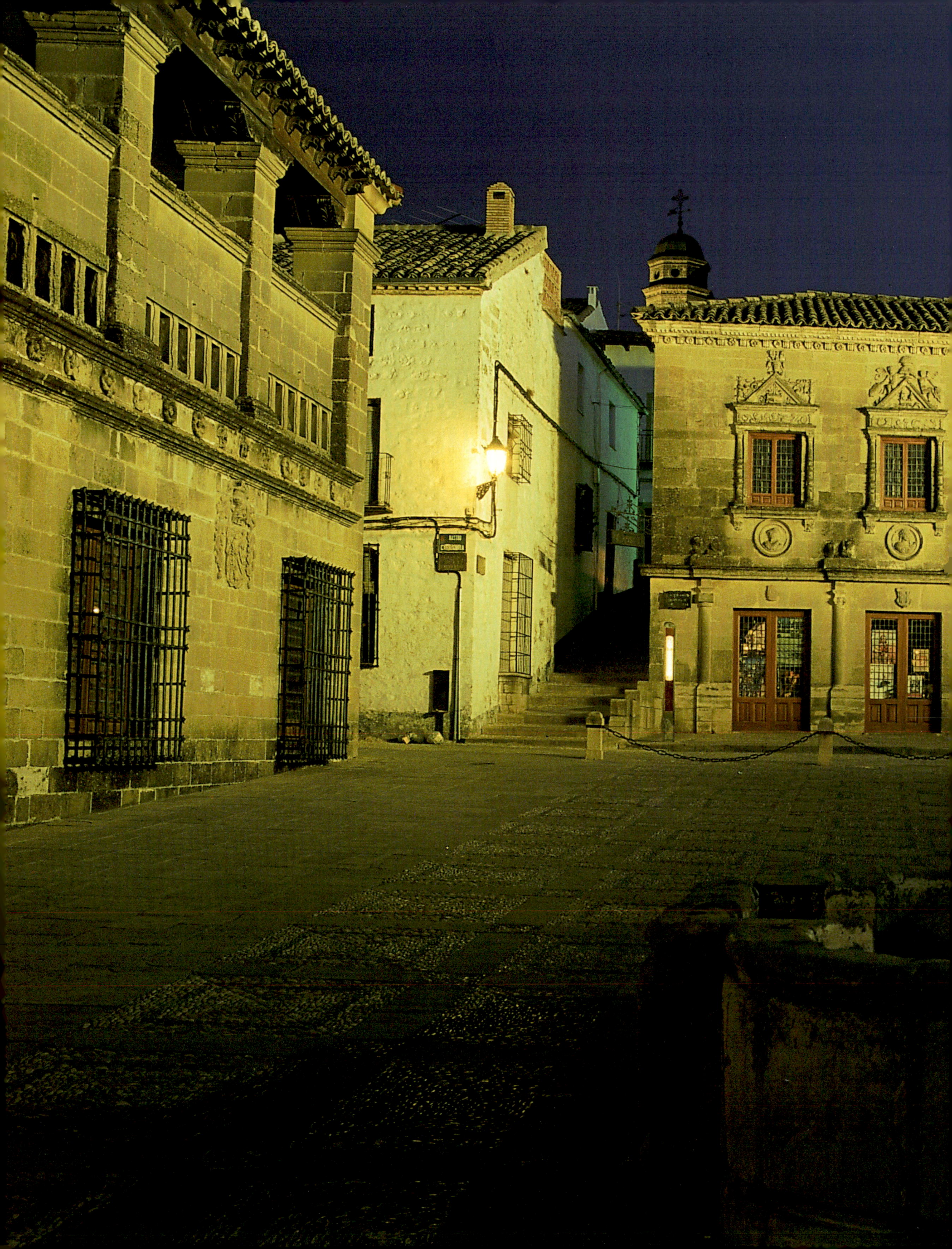

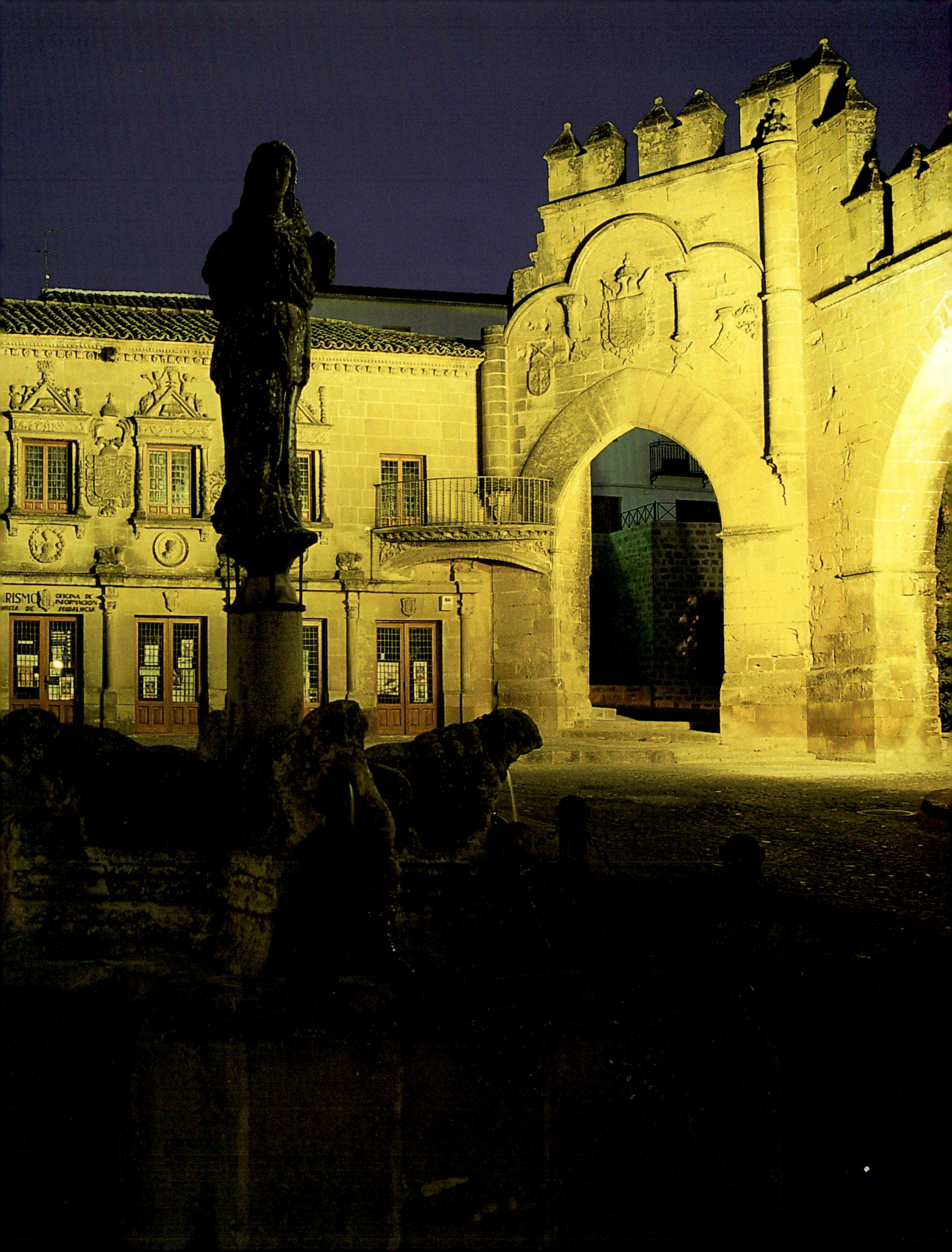
RISMO
OFICINA DE INFORMACION

Rechts:
Auf der Plaza de Vázquez de Molina in Úbeda steht die Renaissancekirche Sacra Capilla del Salvador hinter Rosengärtchen. Die Fassade der im 16. Jahrhundert von den Architekten Diego de Siloé und Andrés de Vandelvira erbauten Kirche bestimmt den Platz.

Unten:
Úbeda zählt zu den schönsten Kleinstädten Andalusiens, bietet eine Fülle an Monumenten und lauschigen Plätzen. Besonders malerisch ist die Plaza del Primero de Mayo.

Oben:
Die mittelalterliche Burg von La Iruela inmitten der Sierra de Cazorla. Die imposante Festungsanlage wurde von den Mauren errichtet und dann von den Christen erneuert.

Links:
Versteckte Schönheit in der Sierra de Cazorla: die Brücke von Herrerías über den Guadalquivir, der im Cazorlagebirge im Nordosten Andalusiens entspringt und bis in den äußersten Westen zum Atlantik fließt.

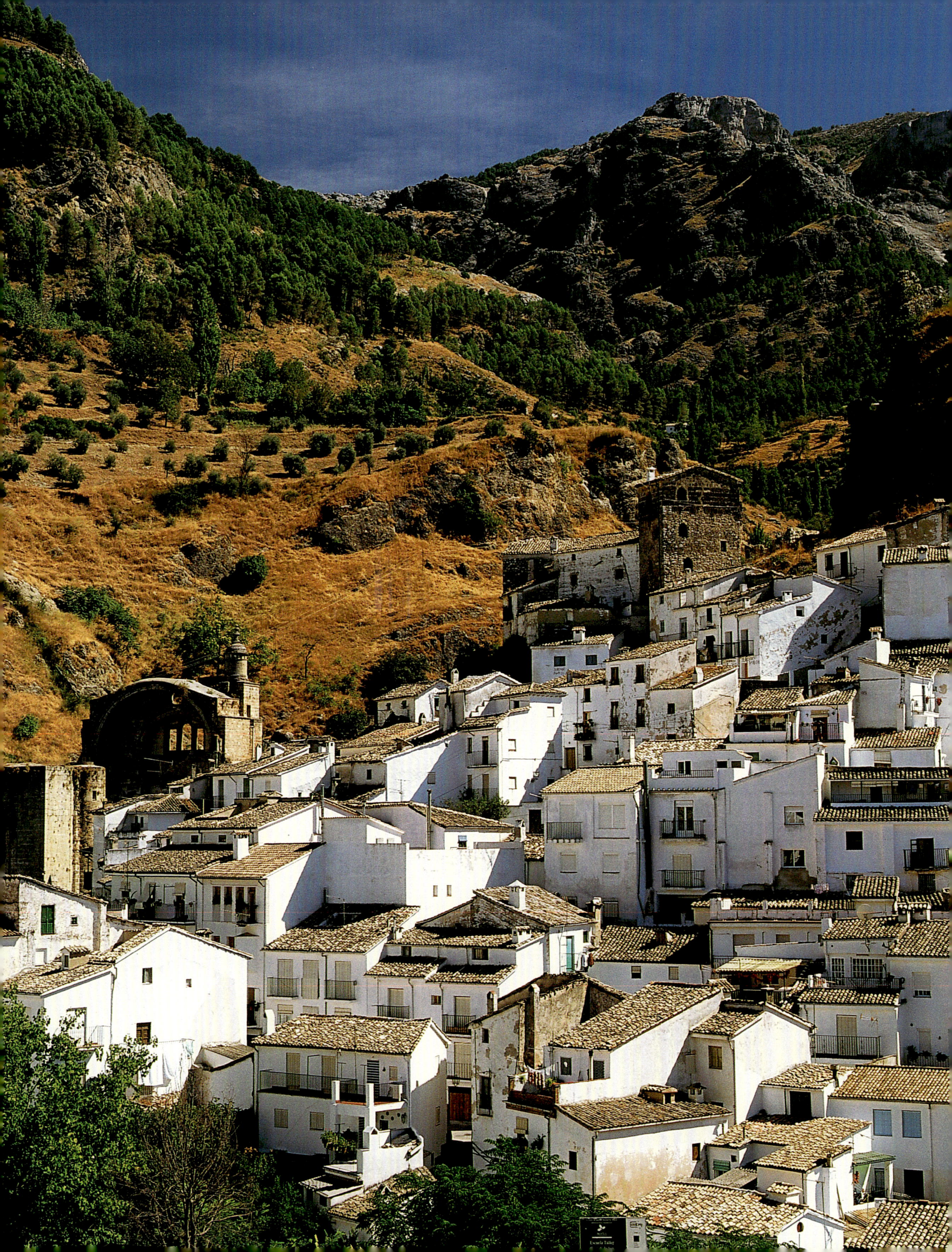

Linke Seite:
Cazorla liegt am Rand der Sierra de Cazorla und wird vom Castillo de la Yedra überragt, einer ursprünglich maurischen und im 14. Jahrhundert von den Spaniern ausgebauten Festung.

Ins Bild der Sierra Cazorla gehören auch kalkweiße Orte im Stil von Quesada.

Die Provinz Jaén zählt zu den vergleichsweise weniger besuchten Gebieten Andalusiens und eignet sich ideal für Entdeckernaturen. In der Naturidylle liegen einsame Landhäuser wie bei El Chorro.

Olivenbäume sind wichtige Kulturpflanzen in Andalusien und liefern das „Gold der armen Leute".

Cazorla ist der Hauptort der Sierra de Cazorla und lockt mit seinen pittoresken Gassen am Hang der Sierra.

ANDALUSIENS MITTE UND NORDEN – CÓRDOBA

Klingender Name, klingende Münze. An der „Sonnenküste" Costa del Sol geht es nicht sonniger zu als andernorts in Andalusien, doch der touristische Lockruf verheißt wohlige Temperaturen und eine Portion Exotik – genau das Richtige für Bleichgesichter aus Mitteleuropa, denen es nach drei Stunden Flug so richtig warm ums Herz und den restlichen Körper wird. Drehkreuz aller ist Málaga. Und Málaga überrascht. Hat man den Anfangsschock aus Blechkarawanen und Satellitenvierteln verwunden, wird man bald sein Faible für Picassos Geburtsstadt entdecken. Ihren anderen Gesichtern spürt man in den verwinkelten Gängen des Maurenkastells Alcazaba nach, auf dem prächtigen Aussichts-

In Córdoba macht die Calleja de las Flores ihrem Namen alle Ehre. Das heißt übersetzt „Gässchen der Blumen".

plateau der Festung Gibralfaro, im Picasso-Museum und bei einer Kaffeerast auf der Altstadtplaza de la Merced.

Oft steckt die von Besuchermillionen überschwemmte Costa del Sol im Strudel der Vorurteile, setzen Kritiker allein die Höhe der Hochhäuser als Messlatte an und bedauern den ökologisch-landschaftlichen Bankrott. Was nicht heißt, dass der Charme vieler Städtchen gleich mit einbetoniert worden ist. Nehmen wir Nerja, bekannt wegen seiner Tropfsteinhöhlen und letzte Strandstation der östlichen Costa del Sol. Allein die Aussichtsterrasse Balcón de Europa lohnt die Anfahrt. Und in der nahen Sierra de Tejeda stoßen wir zu Highlights unter Andalusiens weißen Dörfern vor: Frigiliana und das vom Hauch seiner Süßweine umwehte Cómpeta.

KLASSIKER DER SONNENKÜSTE

Westlich von Málaga warten die Klassiker der Sonnenküste mit Bettenburgen wie Sand am Meer, langen Stränden, Sport und Fun und Sangriatempeln. In Torremolinos tobt der Sommermob, Benalmádena Costa trumpft mit Ambiente um den Hafen auf, an den Promenaden von Fuengirola geht es feucht-fröhlich zur Sache. Auf exklusiverem Pflaster bewegt man sich rund um Marbella und den Jachthafen Puerto Banús, ein

71

Im Bereich von Rondas Calle Armiñán liegen einige Antiquitätenshops, die zum genüsslichen Stöbern einladen.

brodelndes Jetset-Ghetto, in dem Stars und Sternchen Stoff für die Yellowpress liefern. Marbella ist an Glitzer, Glamour und Paparazzi gewöhnt und stets für eine Story gut – und sei es nur, weil Hollywoods Hispanostar Antonio Banderas mal wieder in der Gegend weilt, der Bürgermeister wegen dubioser Geschäfte vor Gericht steht oder Rockidol Prince im Straßenkreuzer vorbeirauscht. Bei so viel Rascheln im Blätterwald überhört man leicht ein dickes Lob auf Marbellas propere Promenaden und die Altstadt mit ihren kachel- und blumengeschmückten Häusern sowie dem „Platz der Orangenbäume", Plaza de los Naranjos.

Jenseits von Estepona schiebt sich im Küstenpanorama ein Fremdkörper ins Bild, ein Kalksteinmassiv, klobig und höckerig, wellen- und wolkenumspült: Gibraltar. Seit dem Ansturm der Briten 1704 ist „The Rock" in festen Händen von „Kings" und „Queens" und den Spaniern ein Dorn im Auge geblieben – vor allem wenn, wie jüngst geschehen, ein defektes britisches Atom-U-Boot direkt vor der eigenen Haustür liegt. Für Besucher interessant: Shopping in der City, die Tropfsteinhöhle St. Michael und Apes' Den, der Affenfelsen, mit den gefräßigen Wahrzeichen Gibraltars.

Für facettenreiche Ziele steht das Hinterland der Costa del Sol. Im Naturpark El Torcal de Antequera bäumen sich bizarre Karstlabyrinthe auf, während die Laguna de Fuente de Piedra eine der größten Flamingobrutkolonien Europas beherbergt. Nahausflugshit ist und bleibt Mijas, ein folkloristisch gestyltes weißes Dorf, in dem Eseltaxis auf Kundschaft warten.

Wie der Lyriker Rainer Maria Rilke (1875–1926), so sind schon viele dem Zauber von Ronda erlegen. Einem Zauber aus Romantik und Schroffheit, aus gepflasterten Gässchen und dem über 100 Meter tiefen Schlund El Tajo, der die Stadt durchtrennt. La Mina, ein Geheimweg hinab in die Schlucht, bringt uns christlichen Sklaven auf die Spur. Zu Zeiten der maurischen Herrscher hieß es, drunten am Río Guadalevín Wasserschläuche zu füllen und durch den schlüpfrigen Tunnel hinauf zu schleppen. Frei von Mühsal treibt man heute über pittoreske Plätze wie die Plaza de España, nimmt sich die arabischen Bäder und die unter Spaniern heilige Stierkampfarena vor und gibt sich in urgemütlichen Restaurants den Gaumenfreuden von Wildkaninchen und Wachteln hin.

Stilvoll bettet man sich im altehrwürdigen Hotel Reina Victoria – nur nicht in Zimmer 208, das an den Aufenthalt Rilkes erinnert. In Rondas rauer Umgebung locken weiße Dörfer wie Olvera, die Pileta-Höhle und der Naturpark Sierra de Grazalema, über dem Gänsegeier kreisen. Ebenso auffällig sind die Korkeichen, die – einmal abgerindet – das nackte Rostbraun ihrer Stämme zeigen.

„MEKKA DES WESTENS" – CÓRDOBA

Córdoba war einst das „Mekka des Westens" und stand im 10./11. Jahrhundert als eigenständiges Kalifat in üppigster Blüte. Über die Stadt verteilten sich zahlreiche Schulen und Gebetshäuser, aus ihrem Herzen erhob sich eine Glaubensburg für 30 000 Muslime: die Mezquita. Trotz christlicher Barbarei – im 16. Jahrhundert platzierte der Klerus eine Kathedrale mitten in die Moschee hinein – ist Córdobas morgenländischer Glanz nicht erloschen. Noch heute nimmt uns die Bethalle mit ihrem Säulenwald und dem ornamentalen Prunk gefangen. Rund um die Mezquita sprudelt das Leben von Córdoba. Man treibt ins historische Judenviertel hinein, in die Festungsresidenz der katholischen Könige und über den Guadalquivir zum Calahorra-Turm, der einst zum Verteidigungsgürtel der Mauren gehörte.

Córdoba pflegt eine blühende Stadtkultur. Wortwörtlich und kübelweise – in kaum einem Patio fehlt überbordender Pflanzenschmuck. Und im altstädtischen „Blumengässchen" Calleja de las Flores erst recht nicht.

Unten:
Alltagsszenen aus Ronda: der gewissenhafte Schuhputzer arbeitet wie eh und je am Straßenrand.

Links:
Ihre Festtagskleider tragen die Frauen zur Feria in Torrox. Sehen und gesehen werden ist hier das Motto.

Seite 74/75:
Ohne Zweifel ein Besuchshöhepunkt in Andalusien: die Mezquita von Córdoba, die einstige große Moschee, deren Äußeres bereits von filigranen Dekorationen und Bögen geprägt ist.

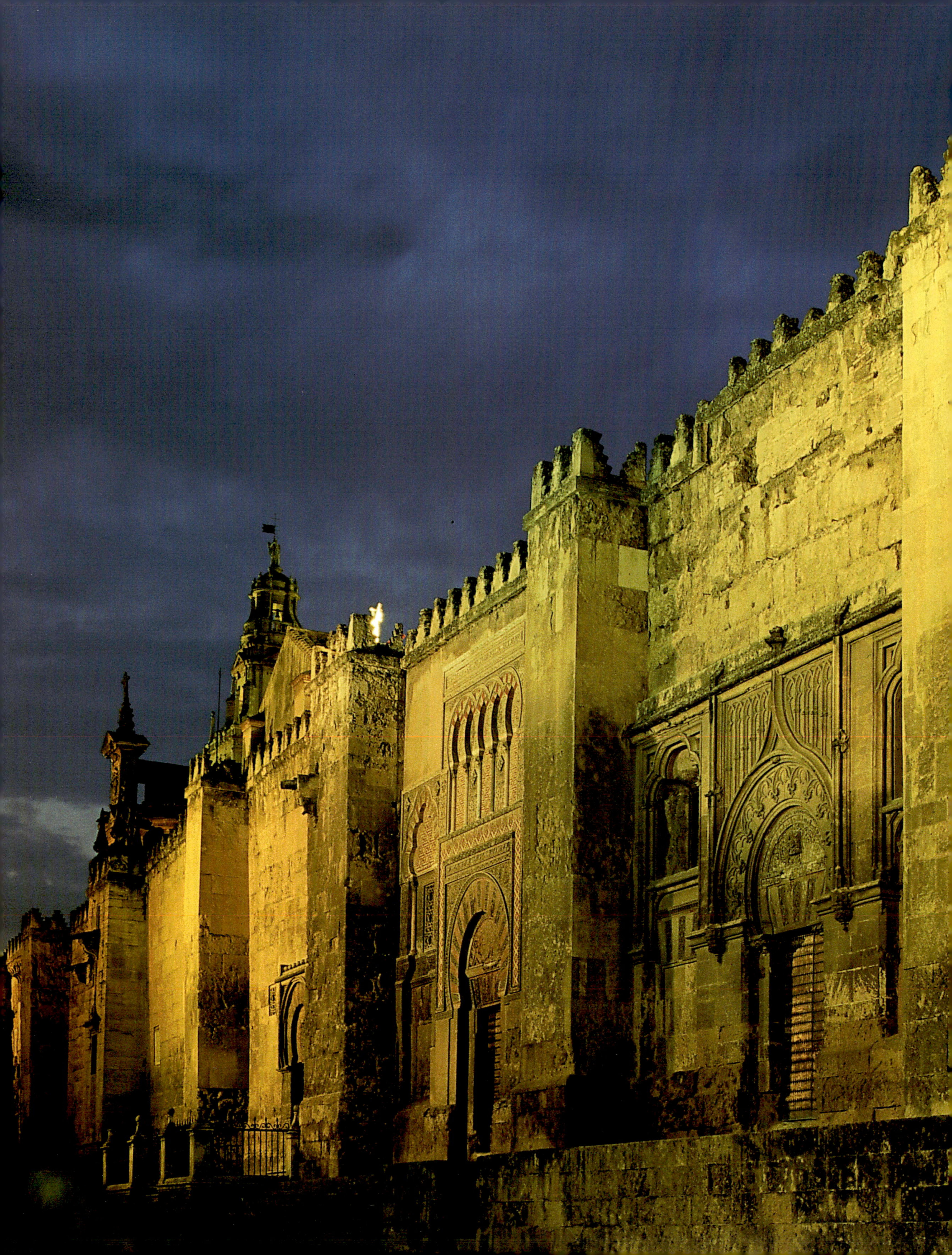

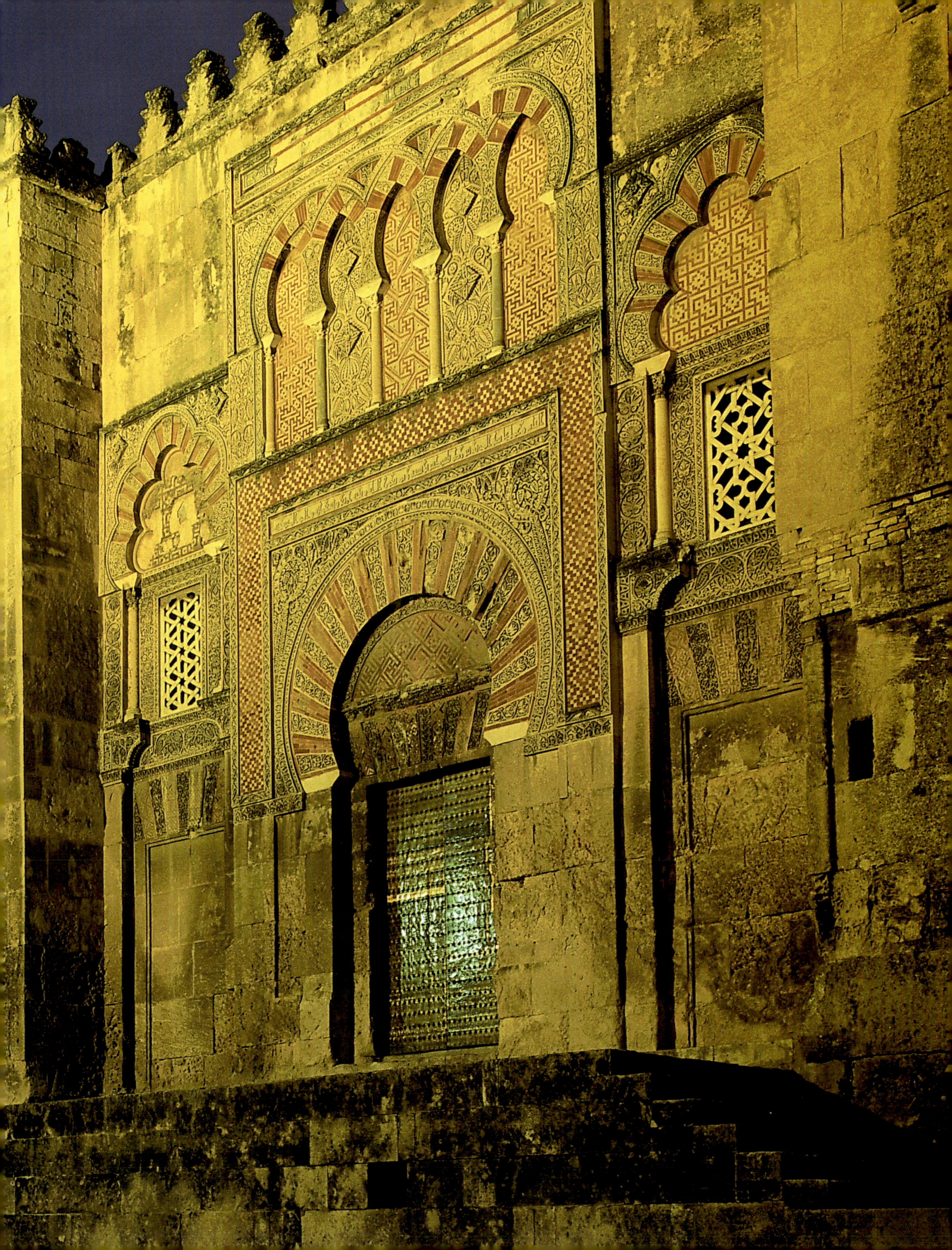

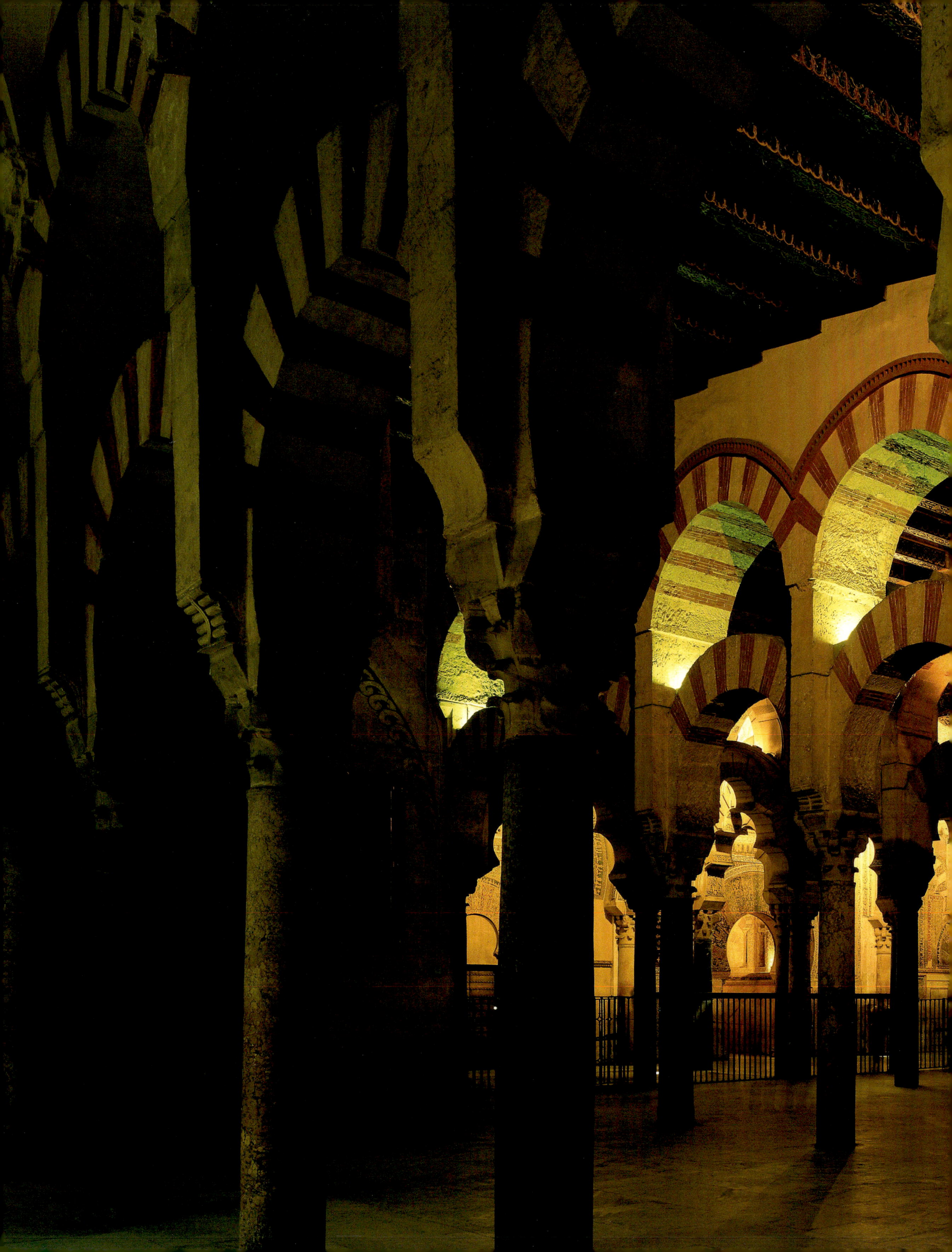

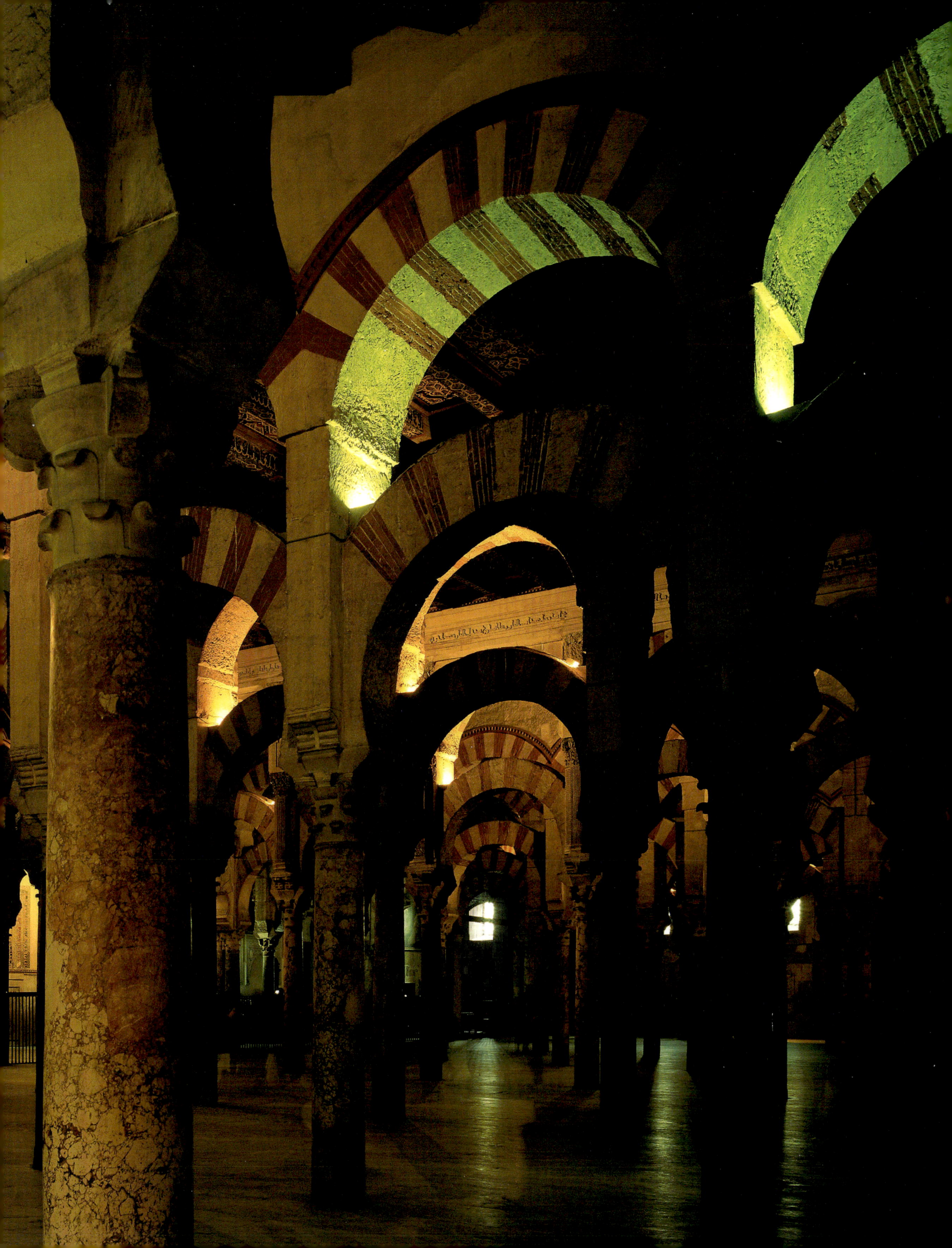

Seite 76/77:
Welch ein Stück Orient eröffnet sich in der Mezquita von Córdoba! Auf hunderten von schlanken Säulen ruhen doppelstöckige, rot-weiß-gestreifte Bögen; Allerheiligstes ist die nach Mekka hin ausgerichtete Gebetsnische (mihrab).

Rechts:
In der maurischen Großarchitektur Córdobas entblättern sich verschnörkelte Details: ob an der Puerta del Palacio der Mezquita (ganz rechts) oder im Salón de Abd al-Rahman III. in der außerhalb gelegenen Palaststadt Medina Azahara (rechts).

Unten:
Die Erinnerung an das alte Judenviertel (Judería) hält die mit Stuckdekorationen verzierte Synagoge in Córdoba wach.

Oben:
Nach dem Kalifen Abd al-Rahman III. ist der mit Hufeisenbögen ausgestaltete Hauptsaal der prunkvollen Residenz benannt.

Links:
Vor den westlichen Toren Córdobas breitet sich Medina Azahara aus, ein Palastbezirk, den Kalif Abd al-Rahman III. im 10. Jahrhundert anlegen ließ.

Links:
In Córdoba lohnt sich ein Bummel zum pflanzenbehangenen Stadttor Puerta de Almodóvar, durch das man in die Altstadt gelangt.

Links unten:
Am Río Guadalquivir drehten sich einst die Mühlen, deren alte Wasserräder von der Puente Romano zu sehen sind.

Über den Guadalquivir spannt sich die vielbogige Puente Romano, eine ursprünglich römische Brücke, deren Fundamente aus der Zeit des Kaisers Augustus stammen.

Unten:
Der Patio de los Naranjos, der Orangenhof der Mezquita von Córdoba, wurde erst nach der Reconquista mit eben jenen Bäumen bepflanzt.

Rechts:
In der Innenstadt Córdobas stößt man auf den Alcázar de los Reyes Cristianos, eine im 14. Jahrhundert erbaute Festungsanlage, die später erweitert und von den katholischen Königen als Residenz genutzt wurde. Traumhaft schön sind die Gärten im Alcázar.

Oben:
Der Orangenhof mit Brunnen war einst Schauplatz von rituellen Waschungen der Moslems.

83

Rechts:
Landschaftlich rau gibt sich das Hinterland der Provinz Málaga. Nahe Bobastro liegt die tief eingeschnittene Schlucht Garganta del Chorro, durch die auch ein Wanderweg führt.

Ganz rechts oben:
Bizarre Karstformationen durchziehen den Naturpark El Torcal de Antequera. Wind, Sonne und Regen waren die Bildhauer des porösen Kalksteins.

Ganz rechts unten:
In der Gaitanes-Schlucht ducken sich die Höhlenwohnungen unter die gewaltigen Felsen.

Seite 86/87:
Mijas ist ein Klassiker unter den weißen Dörfern im Hinterland der Costa del Sol. Viele Gläubige suchen das örtliche Heiligtum auf, die mit reichen Blumengaben versehene Grotte der Virgen María de la Peña.

Seite 88/89:
Typisch andalusisch und einfach bezaubernd: das weiße Dorf Cómpeta, im Hinterland der östlichen Costa del Sol auf rund 650 Metern Höhe gelegen. Der Ort ist bekannt für seine süffigen Süßweine.

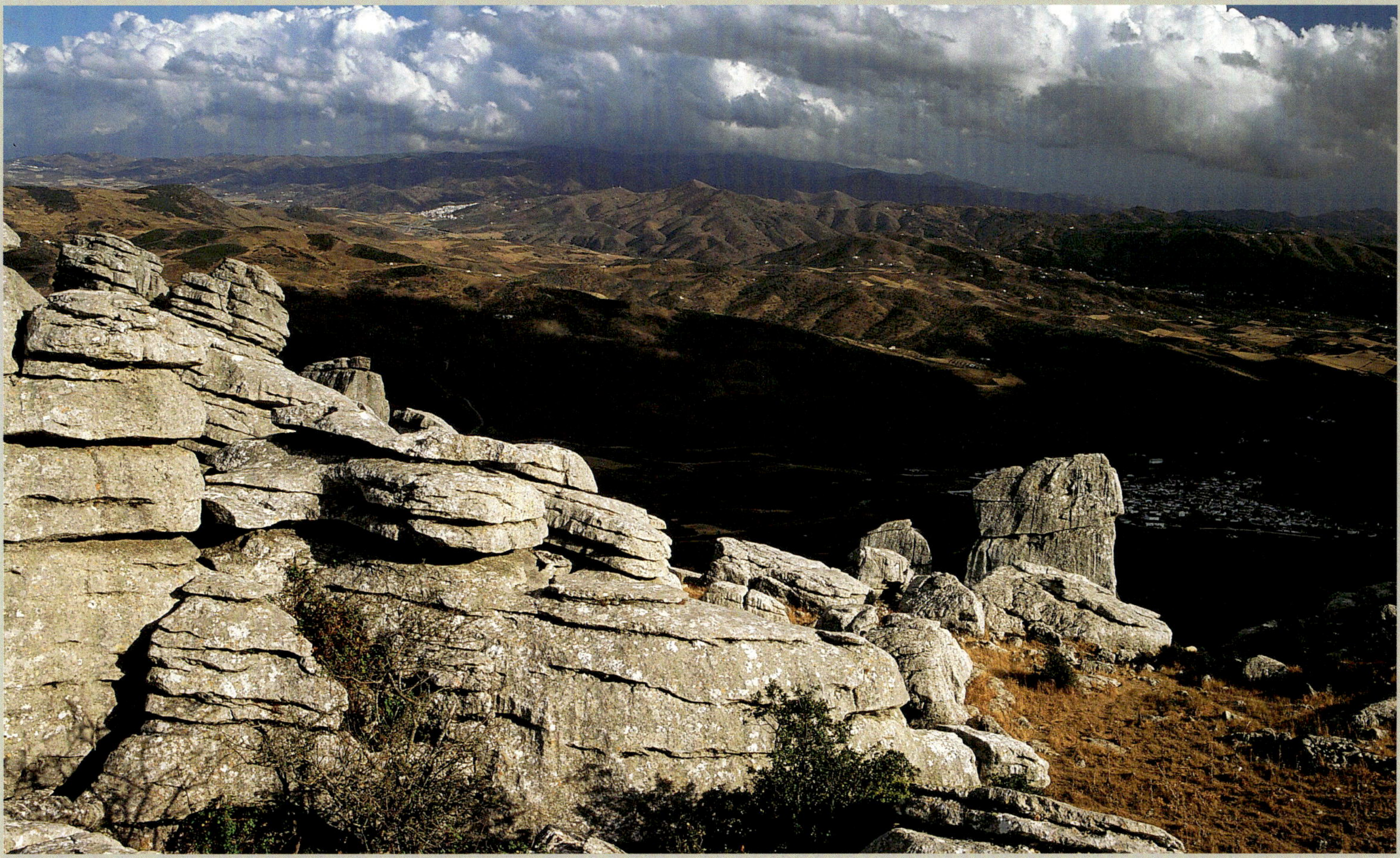

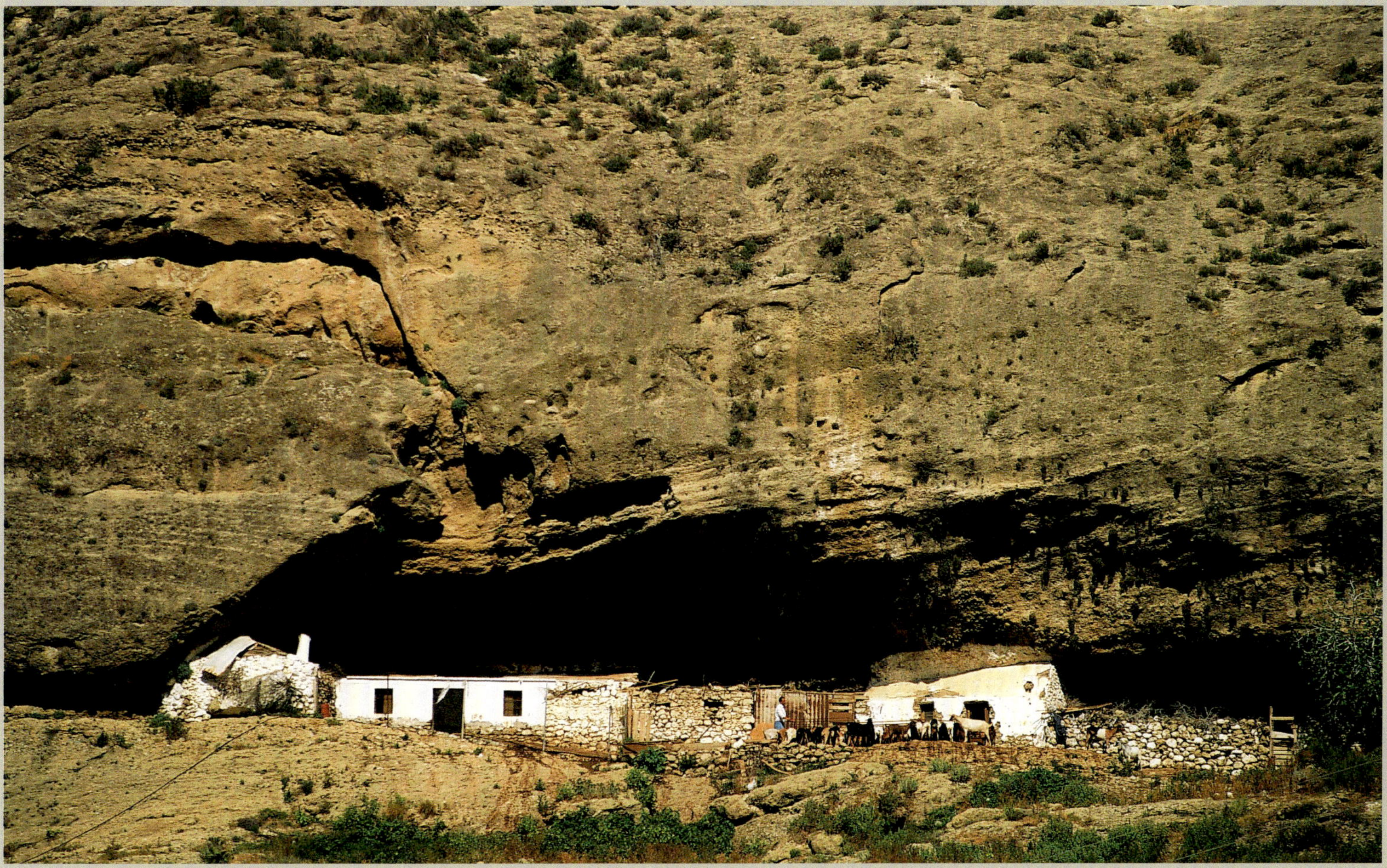

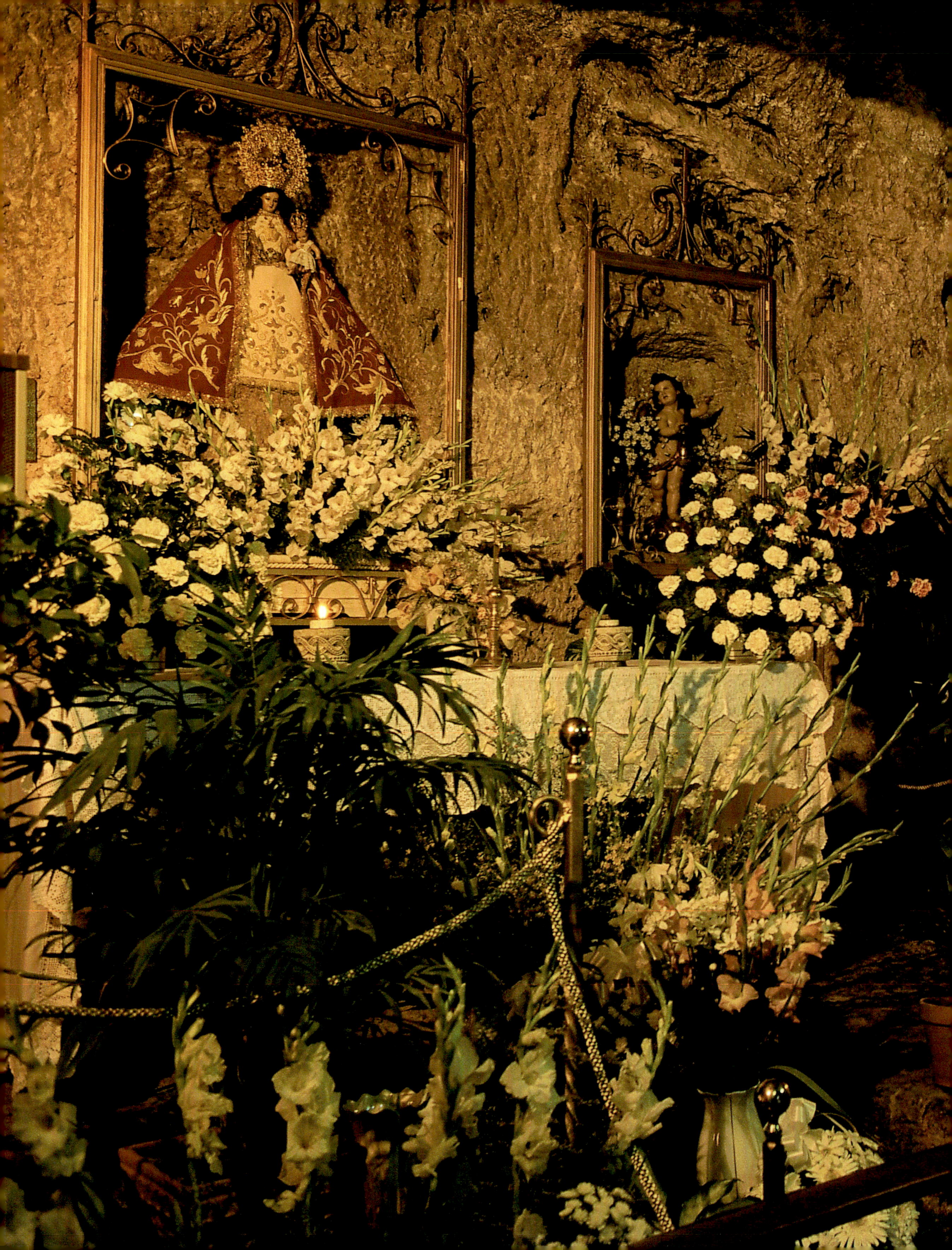

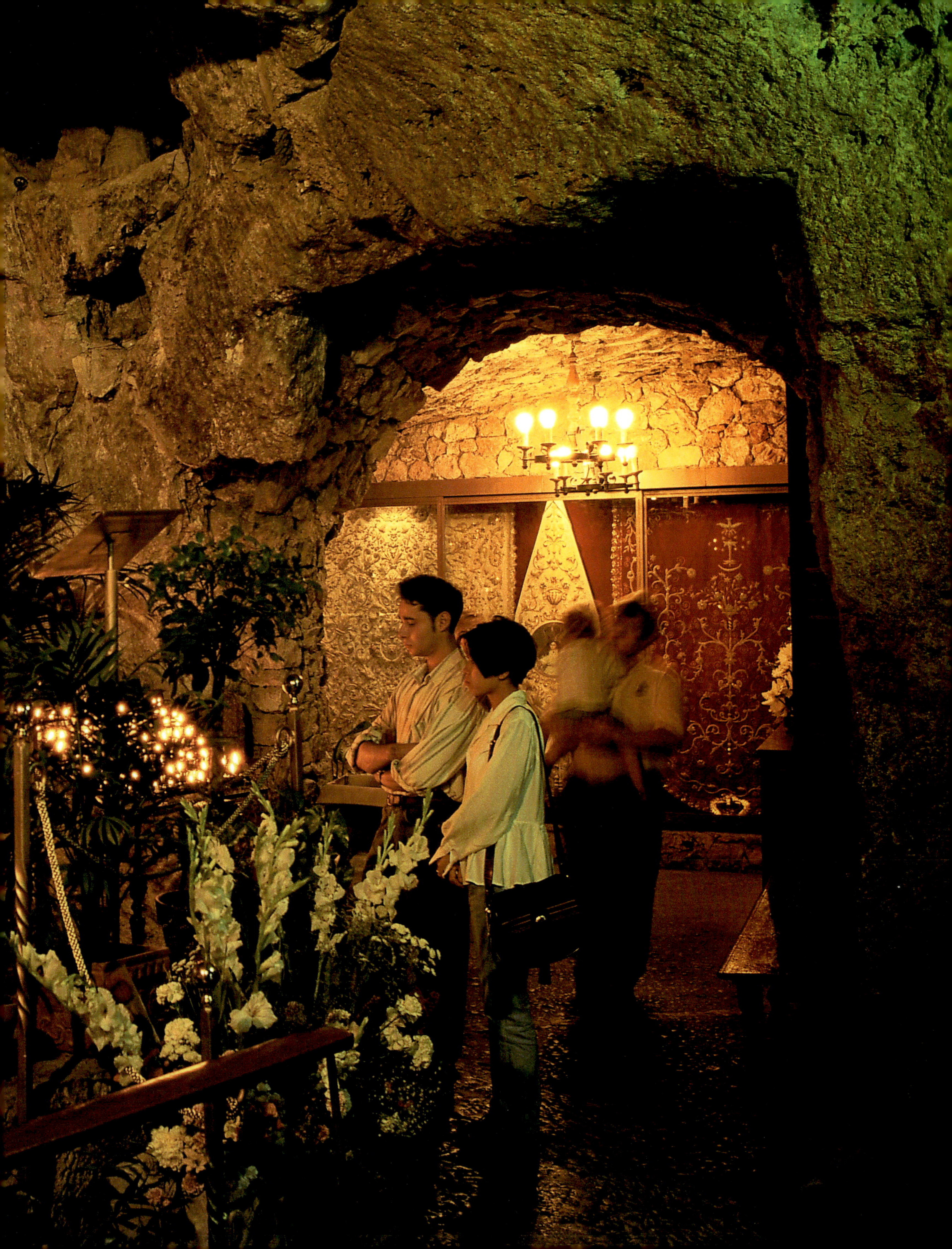

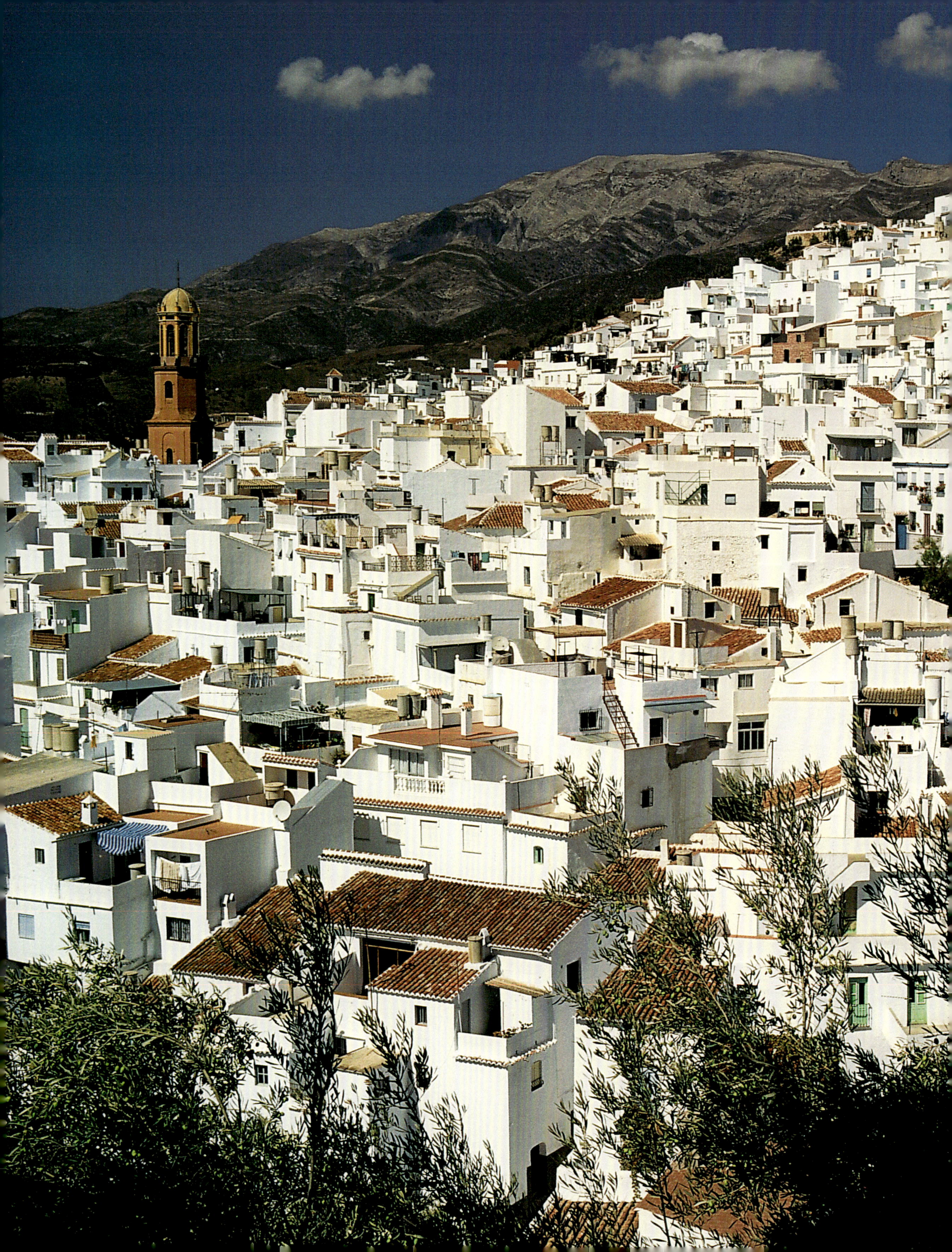

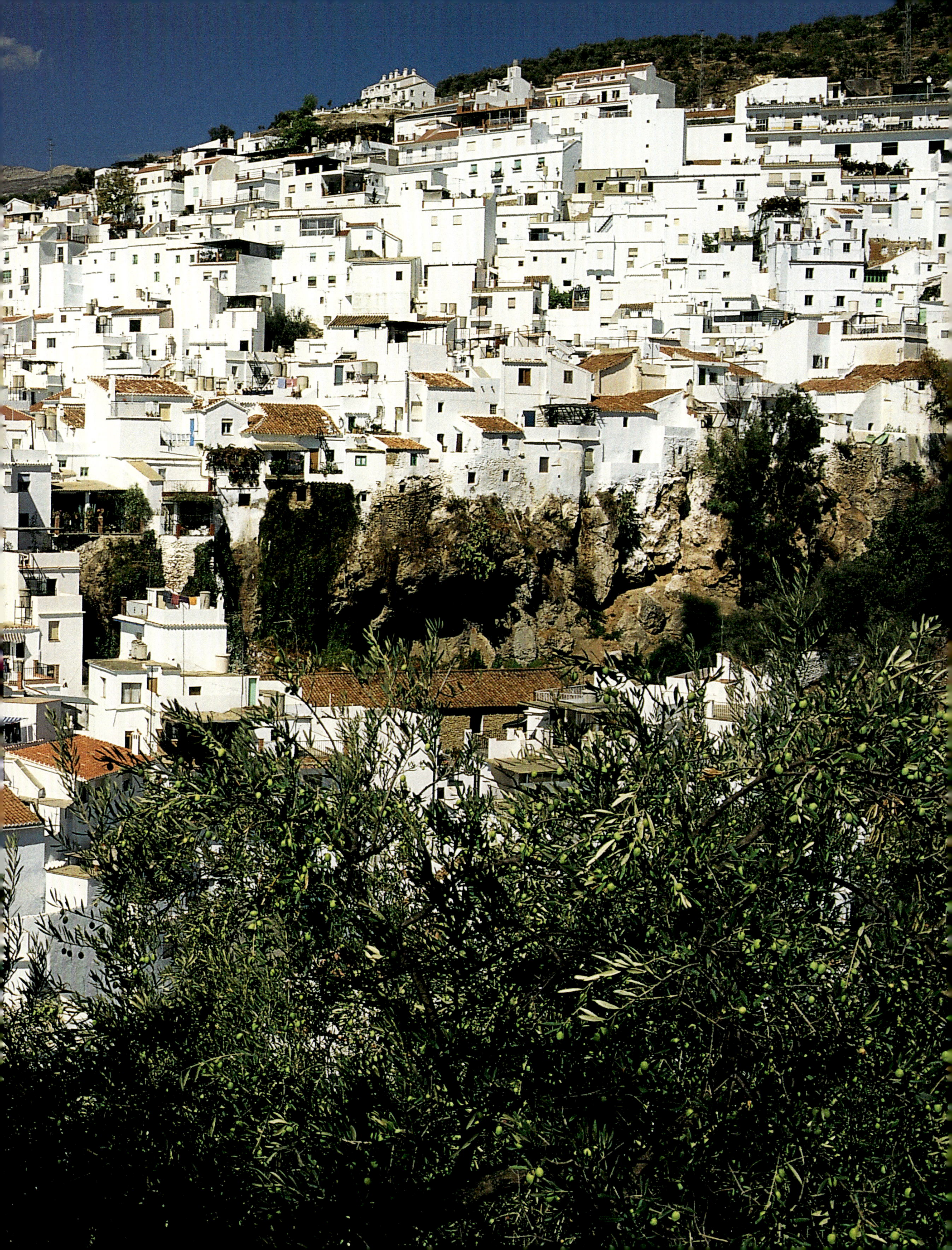

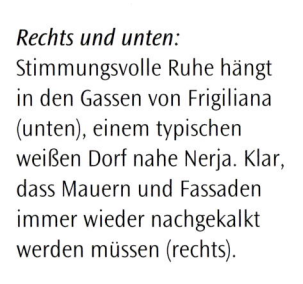

Rechts und unten:
Stimmungsvolle Ruhe hängt in den Gassen von Frigiliana (unten), einem typischen weißen Dorf nahe Nerja. Klar, dass Mauern und Fassaden immer wieder nachgekalkt werden müssen (rechts).

Links:
In Frigiliana pflegt man den ausgeprägten Hang zum Pflanzenschmuck neben der eigenen Haustür.

Kleine Bilder rechts:
Zum typischen Dorfleben in Andalusien gehört der Männerplausch vor der Bar in Mijas (oben), das Auf und Ab in den Gassen in Frigiliana (Mitte) sowie das Feiern von Fiestas in Torrox (unten).

91

DER GEFÜHLVOLLE TANZ ANDALUSIENS
FLAMENCO

Feeling, Feeling über alles. Aus dem Flamenco dringt schwerstes Gefühl, in ihm stecken die Liebe, das Leben, der Tod. Die Ursprünge des Flamenco weisen ins 18. Jahrhundert und gründen sich auf die einst aus Asien zugewanderten „gitanos", die Zigeuner. Im tiefen Süden der Iberischen Halbinsel reicherten sie die musikalischen Wurzeln ihrer Urheimat mit Klangestraditionen der Mauren und des christlichen Abendlandes an und brachten eine ureigene Form spanischandalusischer Musik hervor. Eine Form auch des Aufbegehrens, ein rhythmisch verbindendes Wir-Gefühl, mit dem gesellschaftlich ausgegrenzte „gitanos" und bettelarme Landarbeiter einst gemeinsam gegen Unrecht und Unterdrückung klagten. In seinen Anfängen wurde der Flamenco nur gesungen und von Fingerschnippen, Stock- und Händeklatschen begleitet. Später gesellten sich zum archaischen „cante" oder „cante grande" – dem tiefinneren Gesang – der Tanz (baile) und das Gitarrenspiel (toque).

EINE VIELFALT VERSCHIEDENER STILFORMEN

Bis heute haben sich die Traditionen des Flamenco zigfach zersplittert und weiterentwickelt. Weit über 50 Liedarten sind bekannt, von den westandalusischen „bulerías" bis zu den malagueñischen „verdiales". „Den" Flamenco gibt es nicht, so wenig wie sich „der" Spanier und „der" Andalusier

Oben:
Viele Meister des „toque" (Gitarrenspiel) lassen sich aus sevillanischen Gitarrenbauer-Werkstätten beliefern.

Rechts oben:
Der Flamenco gründet sich auf die „gitanos" – Zigeuner, die sich im 15. Jahrhundert in Südspanien niederließen – und ist getanztes Gefühl. Viele Besucher erleben ihn in „tablaos" mit, Flamencolokale, wie man sie in Granadas Sacromonte-Viertel findet.

Rechts unten:
Ein spontanes Flamenco-Fest im Café „El Molino" in Arcos de la Frontera: Jeder darf mitmachen und alle sind dabei.

in Schubladen zwängen lässt. Jeder Flamenco hat – von heiter bis tragisch – sein eigenes Naturell, in das sich Sänger (cantaores), Tänzer (bailaores) und Instrumentalisten jedweden Schlages einbringen. Ob mit Reibeisenstimmen und schweren stampfenden Trommelschritten, ob mit Violine, Kastagnetten und Mandolinen – selbst Saxophon, Piano und Cello sind heute vertreten. Kein Wunder, dass Flamencopuristen viele Spielarten mittlerweile spanisch vorkommen. Sprich: avantgardistisch entstellt, auf folkloristische Klischees von „heißem Zigeunerblut" und „wilder Leidenschaft" reduziert oder mit gänzlich fremden musikalischen Tendenzen aufgemischt. Was bei letztgenanntem vom Zigeunerpop à la Gypsy Kings bis zum modern durchtriebenen „baile" eines Joaquín Cortés reicht – und die Popularität des Flamenco immer wieder neu entfacht hat. Wer weiß, ob all die kommerziellen Flamencolokale (tablaos) ohne solcherlei Werbeschübe an manchen Abenden auf ihr volles Haus kämen.

DAS FESTIVAL DEL CANTE GRANDE IN RONDA

Wahren Flamencofans sind viele „tablaos" mit ihren kulinarischen Offensiven („mit oder ohne Dinner" – „erster Drink frei") und den in Rüschenröcken aufgebauschten Señoritas zu sehr auf Showbusiness eingestellt. Lieber ziehen sie im Mai/Juni zu Andalusiens ältestem Flamencofestival nach Granada, im September zum Festival del Cante Grande nach Ronda und zur Fiesta de la Bulería nach Jerez de la Frontera. Und im geraden Jahresrhythmus blickt die Fachwelt auf die Flamenco-Biennale in Sevilla.

Im Übrigen muss man kein Zigeuner sein, um in Theatern und Lokalen Erfolge zu feiern. Auch „payos", Nichtzigeuner wie Meistergitarrist Paco de Lucía (geboren 1947), haben es in den erlesenen Kreis der Flamencogrößen vom Format eines Camarón de la Isla (1950–1992) geschafft.

Links:
Beeinflusst wurde der Flamenco durch maurische, christliche und jüdische Lieder. Die „gitanos" selbst brachten aus ihrer indischen Heimat auch einige Elemente ein. Zumindest die Art der Handbewegungen erinnert an indische Tempeltänze.

Oben:
Die Flamenco-Tänzerin und Sängerin Aurora Vargas zeigt, dass Flamenco nicht nur ein Tanz, sondern auch Gefühl ist.

Oben links:
Doch Flamenco bedeutet nicht nur Tanz, sondern auch Gitarrenspiel (toque) und tiefinneren Gesang (cante grande oder cante jondo).

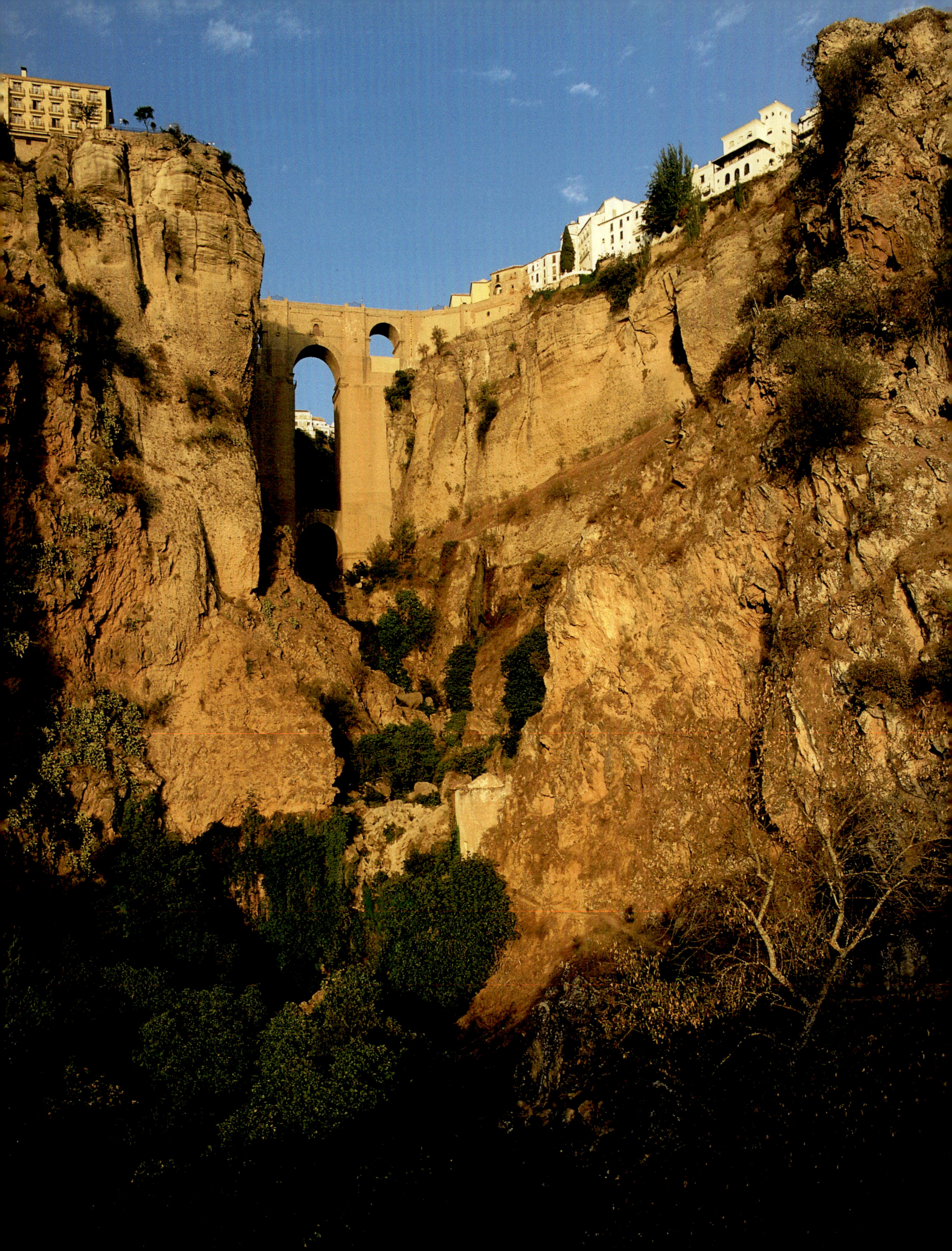

Linke Seite:
Ronda sollte bei jedem Andalusien-Reisenden auf dem Programm stehen. Zerschnitten wird die Stadt von der spektakulären Tajo-Schlucht, über die die Neue Brücke (Puente Nuevo) aus dem 18. Jahrhundert verläuft.

Bedrohlich nah sind viele Häuser Rondas an den Abgrund gebaut, auf dessen Grund sich das schmale Band des Flusses Guadalevín im Schatten verliert.

Aus lange vergangenen Zeiten haben sich Teile der Stadtmauer und die im 16. Jahrhundert errichtete Kirche Espíritu Santo erhalten, die die katholischen Könige stifteten.

Unten:
Nicht nur bei Tag, auch im Abendlicht ein Ereignis: das weiße Dorf Casares, erbaut auf einem Felssporn der Sierra Bermeja.

Rechts:
In einer weiten Landschaft etwa auf halbem Weg zwischen Málaga und Ronda breiten sich bei Ardales und Álora Binnengebirgszüge aus.

Oben:
Abendstimmung in den Altstadtstraßen von Ronda, der Stadt, in der der Stierkampf erfunden wurde.

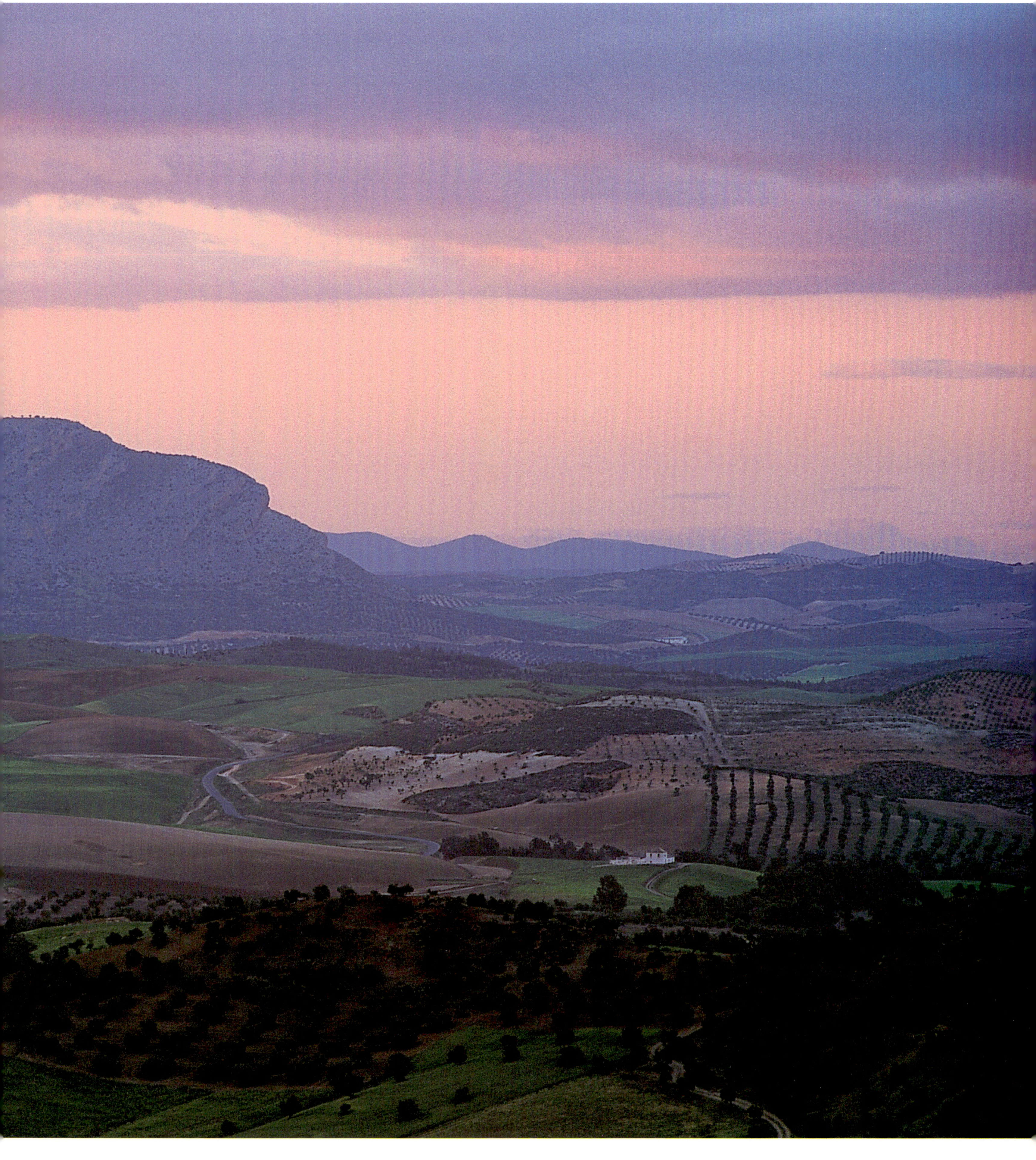

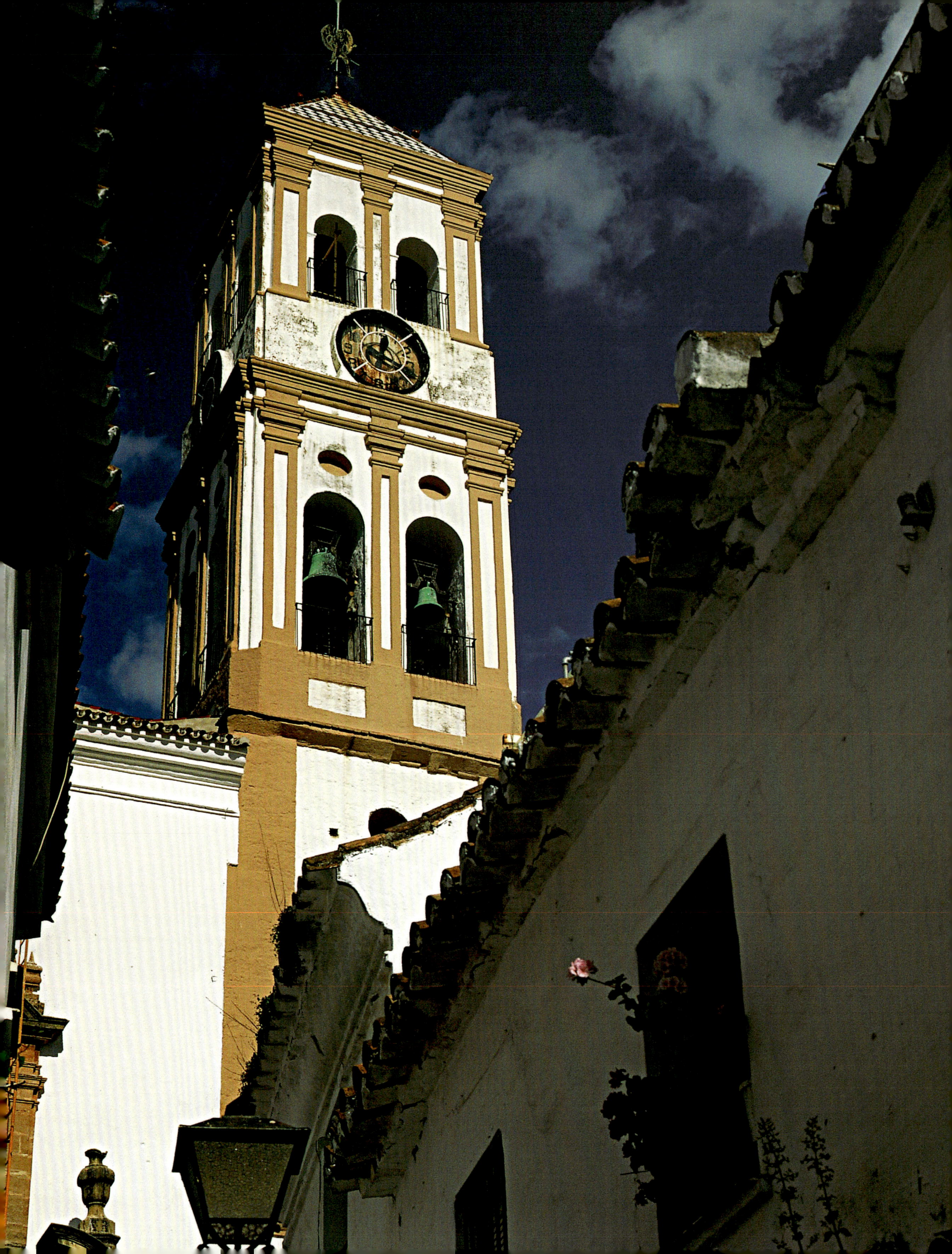

Linke Seite:
Das historische Zentrum Marbellas zeigt sich um die Iglesia Mayor de Santa María de la Encarnación besonders herausgeputzt. Schattige, ruhige und blumengeschmückte Gassen laden zum Flanieren ein.

Der bei Marbella gelegene Jachthafen Puerto Banús gilt als besonders exklusives Pflaster und Jetset-Treff.

Ein Stier gibt den Weg vor in eine wahre Restaurant-Fleischhöhle Marbellas: den Asador de Carnes Puerta del Príncipe an der Plaza de la Victoria.

Unten und ganz unten: Nicht nur Sonnenanbeter gehören ins Bild von Städtchen an der „Sonnenküste". In Estepona (unten) und Nerja (ganz unten) sieht man nach wie vor kleine Fischerboote.

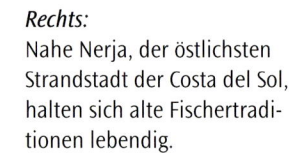

Rechts: Nahe Nerja, der östlichsten Strandstadt der Costa del Sol, halten sich alte Fischertraditionen lebendig.

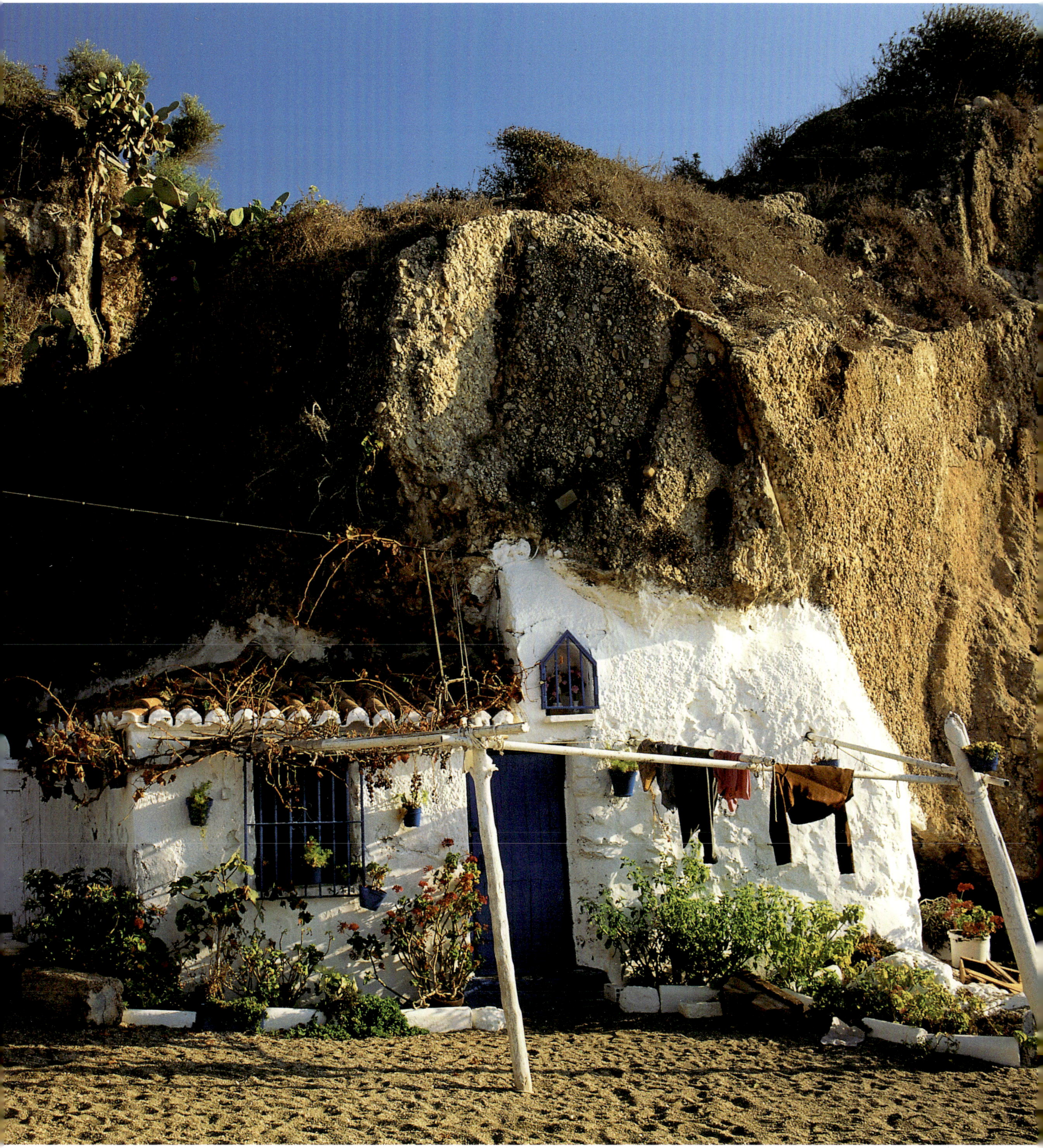

SEVILLA UND WEST-ANDALUSIEN

Über die Kacheln im Rücken reiten christliche Heere, von unten kriecht wohlige Kühle in uns hinein. In den Arkadenumläufen verklingt der wirkliche Hufschlag von Pferden und vermischt sich mit dem Rauschen von Wasser. Eine ländliche Szene? Ja. Aber mitten in Sevilla, Andalusiens pulsierender Hauptstadt, die mit solch ruhig-beschaulichen Bildern begeistert. Dieses hier gehört zu den schönsten: eine Bänkchenrast auf der Plaza de España, einem Kleinod verspielter Großarchitektur samt Mosaiken aus leuchtend bunten Sitzbankkacheln, die Szenen aus Spaniens Geschichte erzählen. Der Platz ist bauliches Erbe der Iberoamerikanischen Ausstellung von 1929, Treffpunkt von Jung und Alt, Pferdedroschken

Als langer Strom des Lebens durchzieht der Río Guadalquivir die andalusische Hauptstadt Sevilla. An den Ufern des Flusses erhebt sich der „Goldturm" (Torre del Oro, rechts im Bild), der im Mittelalter zum Schutz des Flusshafens erbaut wurde.

und selbst von Ruderern, die ihre Muskeln in den kleinen Kanälen spielen lassen. Und gleich gegenüber schließt sich der Parque de Maria Luisa mit Joggingwegen, Ententeichen und Flanierpromenaden an. Natur pur.

SCHMELZTIEGEL SEVILLA

Sevilla vereint Gegensätze aller Art. Berauschendes Grün und zähes „Stop-and-go" auf den Straßen, Sommerglut und Wintermilde, Monumente von Welt und Baracken von „gitanos" am Stadtrand. Im verwinkelten Barrio de Santa Cruz kann Sevilla ur-andalusisch, im Viertel Triana so herrlich provinziell, andernorts weltgewandt und kosmopolitisch sein. Kein Wunder bei einem Schmelztiegel aus 700 000 Menschen, alljährlichen Besuchermassen auf den Spuren der Carmen und des Barbiers von Sevilla sowie Großereignissen, mit denen man ein ums andere Mal die Augen der Welt auf sich gelenkt hat – von der Expo bis zur Leichtathletik-WM. Zeitbeständig hat nur eine alles überragt und überdauert: die Giralda, Spaniens höchstes Minarett, das die Kirchenobrigkeit aufstockte und in ihre Kathedrale Santa María eingliederte.

„Lasst uns eine Kirche bauen, so groß, dass jene, welche sie vollendet sehen, uns für von Sinnen halten." So oder ähnlich sind die Worte der Domherren überliefert, die sich zu Beginn des 15. Jahr-

Unter Besuchern Sevillas ist die Kutsche – hier bei einer Brückenfahrt über den Guadalquivir – ein beliebtes Fortbewegungsmittel.

hunderts entschlossen, die Kathedrale Sevillas auf den Grundmauern der almohadischen Moschee in grandiose Höhen zu treiben. Herausgekommen ist eines der weltweit größten Gotteshäuser, ein Ensemble aus gotischen Bögen und Spitzentürmchen, das in seinem Innern das (vermeintliche) Kolumbus-Grab und den golden schimmernden Hochaltar mit seiner schier unglaublichen 506-Quadratmeter-Fläche beherbergt. Gemeinsam mit dem Kolonialarchiv (Archivo General de Indias) und dem Prunkpalais Reales Alcázares ist Sevillas Kathedrale von der Unesco zum Weltkulturerbe erhoben worden.

SCHINKEN, HÖHLEN UND DIE COSTA DE LA LUZ

Von Sevilla geht es gleichermaßen schnell in die waldreiche Sierra de Aracena mit ihrem Schinkenort Jabugo und dem Höhlenstädtchen Aracena wie zur Costa de la Luz, der sturmgepeitschten „Küste des Lichts". Geschichtsträchtiger Fleck ist das im 11. vorchristlichen Jahrhundert von Phöniziern gegründete Cádiz, das als älteste Stadt des westlichen Europa gilt und sich im ersten Jahresviertel ausschweifend lang an seinem eigenen Karneval berauscht. Die weitläufige Landzunge der Altstadt ist vom Massentourismus wenig beleckt und bietet mit Bollwerken, Parks und Meerespromenaden ein buntes Potpourri. Ebenso vielgesichtig zeigt sich Jerez de la Frontera. Hier öffnen sich nicht nur die Tore zu weltbekannten Sherry-Lagern, sondern auch zur trutzigen Festungsresidenz Alcázar, zur Kathedrale samt Mudejarturm und zum Reich der Pferde. Die Reitkunstschule von Jerez steht unter Ehrenpräsidentschaft von König Juan Carlos I. und fasziniert bis zu 1600 Besucher mit ihren regelmäßigen „Tanzshows der andalusischen Pferde" – eine zwischen Mensch und Tier perfekt abgestimmte Choreographie, die spielerisch leicht wirkt.

falgar und der Meerenge von Gibraltar, schlägt uns der Atem Afrikas entgegen. Und der Duft von fangfrisch bereitetem Fisch, ob in Conil de la Frontera, Barbate oder der alten Seefahrerstadt Tarifa.

Richtung portugiesische Grenze zieht der vogelreiche Nationalpark Doñana vorbei, das traumhafte Strandgebiet bei Matalascañas und das Franziskanerkloster Santa María de La Rábida. Vor seiner legendären Entdeckungsfahrt 1492 hörte Christoph Kolumbus hier eine letzte Messe auf spanischem Festland. Nahebei, an der Mole der Karavellen, liegen die originalgetreuen Nachbauten der „Santa María", der „Niña" und der „Pinta". Jene drei Boote, mit denen Kolumbus und seine paar Dutzend Getreuen vor mehr als einem halben Jahrtausend in See stachen. Dass sie auf Amerika stießen, war selbst dem Admiral unbegreiflich. Dass sie mit solchen Nussschalen überhaupt ankamen, grenzt an ein Wunder.

In Arcos de la Frontera werden Träume wahr, Träume von einem typisch weißen Städtchen. Hoch über dem Río Guadalete ziehen sich kalkweiße Häuserflecken, Kirchen, alte Adelshäuser und handtuchschmale Gassen über das Felsmassiv – Postkartenansichten. Zu weiteren „weißen Schönheiten" Westandalusiens zählen das vom Burgberg überragte Medina Sidonia und Vejer de la Frontera, das sich im Hinterland der südlichen Costa de la Luz auftürmt. Küstenwärts, am Kap von Tra-

Unten:
Vermummte Gestalten marschieren während der Semana Santa bei Büßerprozessionen stundenlang durch die Straßen und ziehen durch das düster wirkende Ritual die Zuschauer in ihren Bann.

Links:
Eng verbunden mit Spaniens Süden ist auch Christoph Kolumbus, der von hier aus 1492 zu seiner berühmten Amerika-Reise aufbrach.

Links Mitte:
Spanischer Glaubenseifer nimmt in Sevilla besonders intensive Züge an – eine mit einem Kachelbild der heiligen Jungfrau geschmückte Hauswand ist nur ein geringes Beispiel.

Seite 106/107:
Die Altstadt von Cádiz legt sich über eine ausgedehnte Landzunge. Als Wahrzeichen ragt die monumentale Neue Kathedrale empor, deren barockes und klassizistisches Stilgemisch erst zwischen 1722 und 1855 geschaffen wurde.

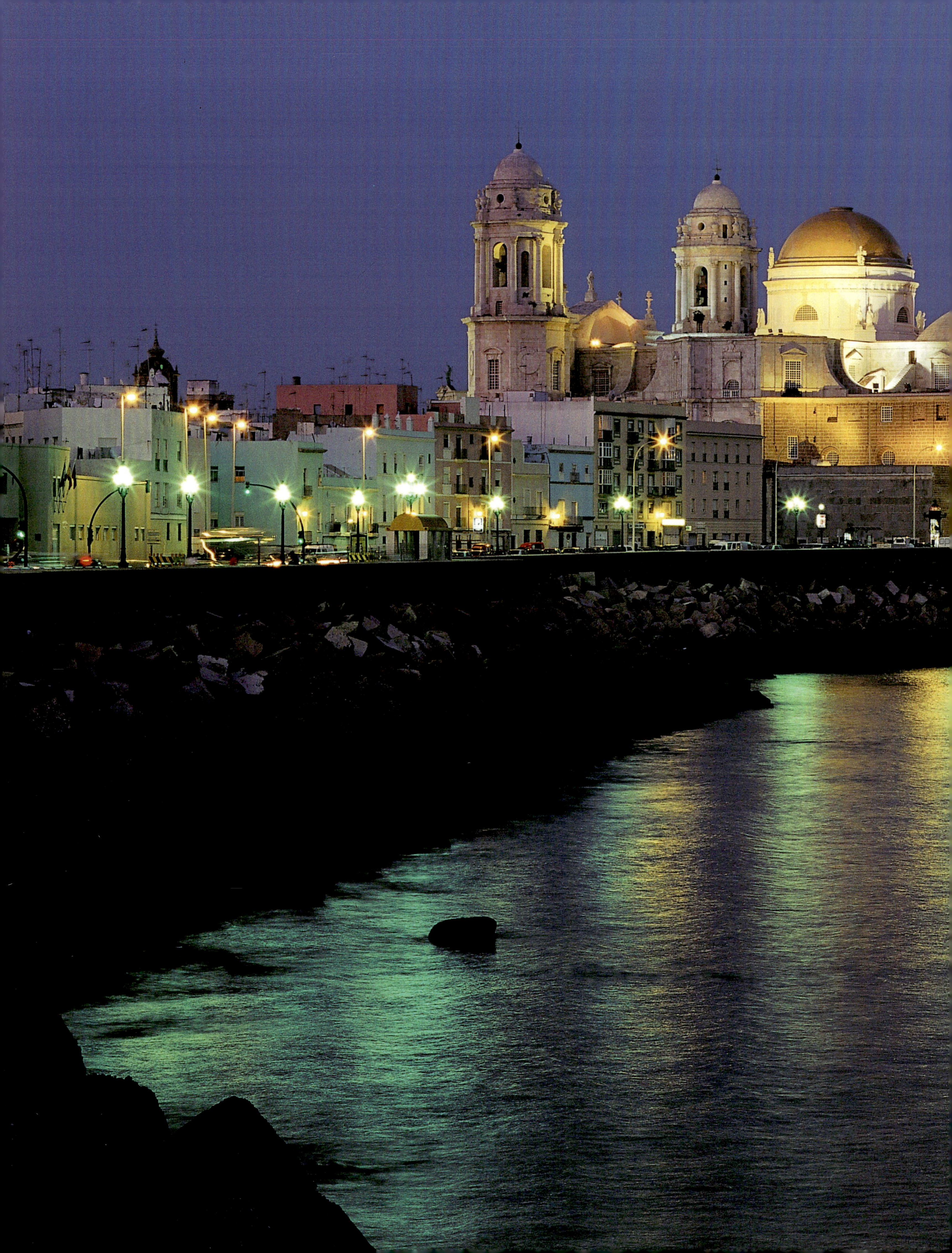

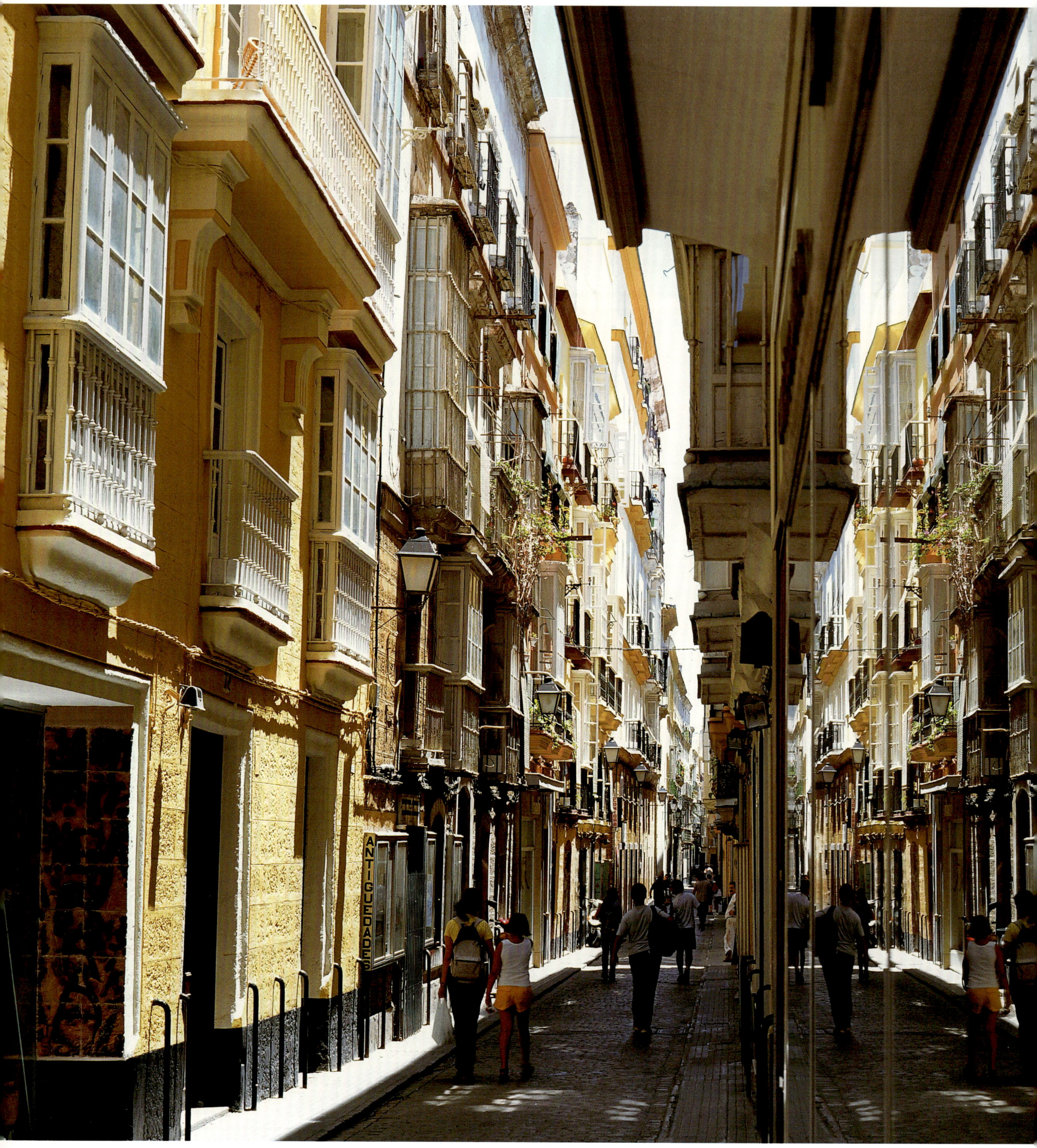
ANTIGUEDADES

Links:
Ein Spaziergang durch die Altstadt von Cádiz führt an verglasten Balkonfronten vorbei und lässt den Zauber dieser in sich geschlossenen und einheitlich bewahrten Metropole spüren.

Unten:
Cádiz liegt auf einer Halbinsel und ist angeblich, gegründet 1100 vor Christus, die älteste Stadt Europas. Die Uferpromenade umrundet die Altstadt.

Oben:
Das Castillo de San Sebastián, eine im 17./18. Jahrhundert erbaute Festung, liegt im Süden von Cádiz und ist mit der Stadt durch einen Damm verbunden.

Unten:
Andalusien feiert. Bei der Feria del Caballo erstrahlt Jerez de la Frontera alljährlich im Mai im Lichterglanz.

Kleine Bilder rechts:
Fiestas und Ferias. Man steht im Fiestarausch Kopf, legt seine besten Trachten an, schmückt das Haar mit Blumen und gibt sich ausgiebigen Tanzfreuden hin.

DIE KUNST DER „TAUROMAQUIA"
STIERKAMPF

Rechts:
1784 wurde die Arena in Ronda eingeweiht und die Faszination war so groß, dass bald jeder größere Ort seine eigene Arena baute, wie hier in Puerto de Santa María.

Mitte:
Als 500- oder 600-Kilo-Kolosse gehen die ausgewachsenen Stiere ins blutige Kampfritual.

Unten:
Auf Andalusiens Weiden werden viele Kampfstiere gezüchtet, die vor ihrem ersten Auftritt kein rotes Tuch erblicken dürfen, da sie ansonsten für den Kampf verdorben wären.

Pedro Romero war flink, gewandt und unermüdlich. Im Lauf seiner legendären, langen Karriere soll er nicht weniger als fünftausenddreißig Stiere zur Strecke gebracht haben – und von keinem einzigen verwundet worden sein. Wovon sich die Toreros unserer Tage ein Scheibchen abschneiden können. Selbst Arenastars wie El Cordobés und El Juli haben die Hörner ihrer Zwölf-Zentner-Gegner ein ums andere Mal schmerzhaft zu spüren bekommen – doch mit Exklusiv-Interviews vom Krankenbett aus und verfrühten Comebacks ihren eigenen Männlichkeitsmythos zementiert.

Zurück zu Pedro Romero (1754–1839), einem der berühmtesten Söhne der Stadt Ronda. Ins Stiermilieu hineingeboren, stieg er vom Schreiner zum Torero auf und gehörte zu den Vorreitern eines neuen Konzeptes. Im Gegensatz zum vormals verbreiteten wilden Lanzengestocher begann er den Stierkampf als Kunst zu verkörpern, als eine Schau der Ästhetik für alle, und nicht als vorbereitenden Todesakt und Kurzweil für eine auserwählte Oberschicht. Mit Romero'schen Faustregeln wie „Der Torero besteht nur ab der Taille aufwärts" und „Der Stierkämpfer darf nicht mit den Füßen, sondern nur mit seinen Händen rechnen" war die „tauromaquia" geboren, die moderne „Stierfechtkunst", und mit ihr ein festes Regelwerk. In hohem Alter wurde Romero zum Meister der Stierkämpferschule von Sevilla ernannt und soll selbst als 80jähriger noch „toros" getötet haben.

Wie immer man zum Stierkampf steht – in Spanien ist er unanfechtbares Ritual und in Andalusien vielleicht noch eine Spur leidenschaftlicher im Volksgut verankert als andernorts. Ergriffen lebt man die „corridas de toros", so wie man den Fußball lebt und das eigene Schicksal. Die altehrwürdige „plaza de toros" in Ronda zählt zu den spanischen Heiligtümern des Stierkampfs, Arenen wie Sevilla und Málaga gehören so selbstverständlich ins Stadtbild wie Giralda und Gibralfaro, in Córdoba hält das Museo Municipal Taurino Rückschau auf vergötterte Helden. So wie auf den sagenhaften Manolete, dem das Los des Lebens am 28. August 1947 auf der Plaza von Linares den Koloss Islero entgegenstellte. Islero beförderte ihn ins Jenseits – und damit ins Pantheon der unsterblichen „matadores". Andächtig still und berührt von der historischen Tragik, ziehen die Corrida-Anhänger im Museum an Manoletes Schuhen und roter Schärpe vorbei sowie an Ohren, Schwanz und dem ausgebreiteten Fell von Islero. Dessen tödlicher Auftritt wiederum hat den Ruhm seiner Züchterei Miura genährt, der bis heute das PR-wirksame Sprichwort „Cogida de Miura, muerte segura" anhaftet. Will heißen: Der Hornstoß eines Miura-Stiers bedeutet den sicheren Tod. Schließlich hat man es als Torero nicht mit wild und wahllos dahergelaufenen Bullen zu tun, sondern mit „toros bravos", eigens gezüchteten und besonders angriffslustigen Kampfstieren. Und die dürfen vor den Corridas weder rote Tücher noch Degen gesehen haben. Am Ende des Kampfes wartet stets der Tod. So oder so. Devise aus den Zeiten Pedro Romeros: „Bevor er wegrennt, muss der Fechter töten oder sterben."

Oben:
Stierkampfarenen gehören wie selbstverständlich zum Gerüst spanischer Städte, hier in Málaga.

Links:
Die dramatische Choreographie und das Ritual des Tötens vermögen vielleicht nur echte „aficionados" zu durchschauen, der Kampf zwischen Mensch und Tier ist aber auch für Außenstehende faszinierend.

113

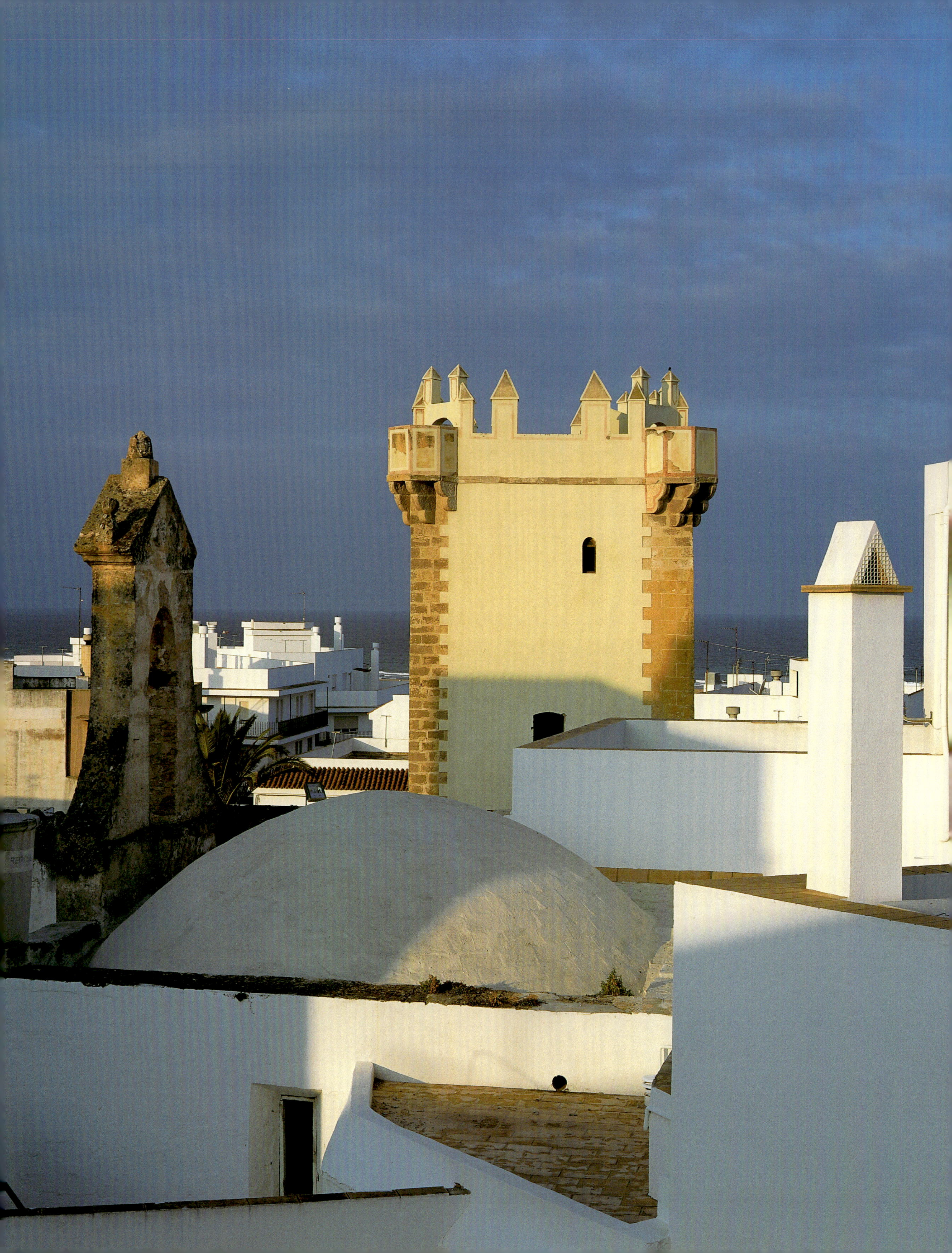

Linke Seite:
Das Strandstädtchen Conil de la Frontera an der Costa de la Luz verfügt über einen heimeligen Stadtkern mit weißen Gassen und die Torre de Guzmán el Bueno.

Unten:
Im weiten Hinterland Conils liegt das altarabisch angehauchte Medina Sidonia, hier mit dem historischen, maurischen Stadttor Arco de la Pastora.

In den weißen Gassen von Conil de la Frontera hat man noch Zeit für eine Unterhaltung vor der Haustür.

Seite 116/117:
Die City von Jerez de la Frontera lädt zum Bummeln und Verweilen ein, vor allem in der großzügigen Fußgängerzone Calle Larga mit dem Domecq-Turm.

In Arcos de la Frontera erwartet Besucher ein heimeliges Hotel Parador mit wunderschönem Innenhof, untergebracht im einstigen Sitz des Landrichters.

Abenteuerlich unter Felsüberhänge geklemmt sind die Häuser des weißen Dorfes Setenil in der Provinz Cádiz.

115

PEDRO DOMECQ
Fino La Ina
FUNDADOR
SALON CLIMATIZADO
HELADERIA
CAFETERIA
SALON CLIMATIZADO
Brandy
FUNDADOR
DOMECQ
FUNDADOR DOMECQ
La Ina
DOMECQ
HELADERIA
ICE CREAM

DER UNVERGLEICHLICHE WEIN AUS JEREZ
SHERRY

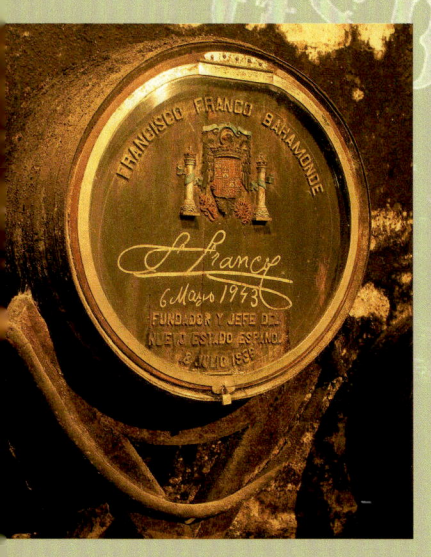

Unten:
Könige und Herrschende ließen in den Bodegas ihre privaten, besonders wertvollen Fässer lagern. Sie werden heute als Attraktionen vorgeführt, ebenso noch zahlreiche Fässer, auf denen Berühmtheiten ihre Namen hinterlassen haben.

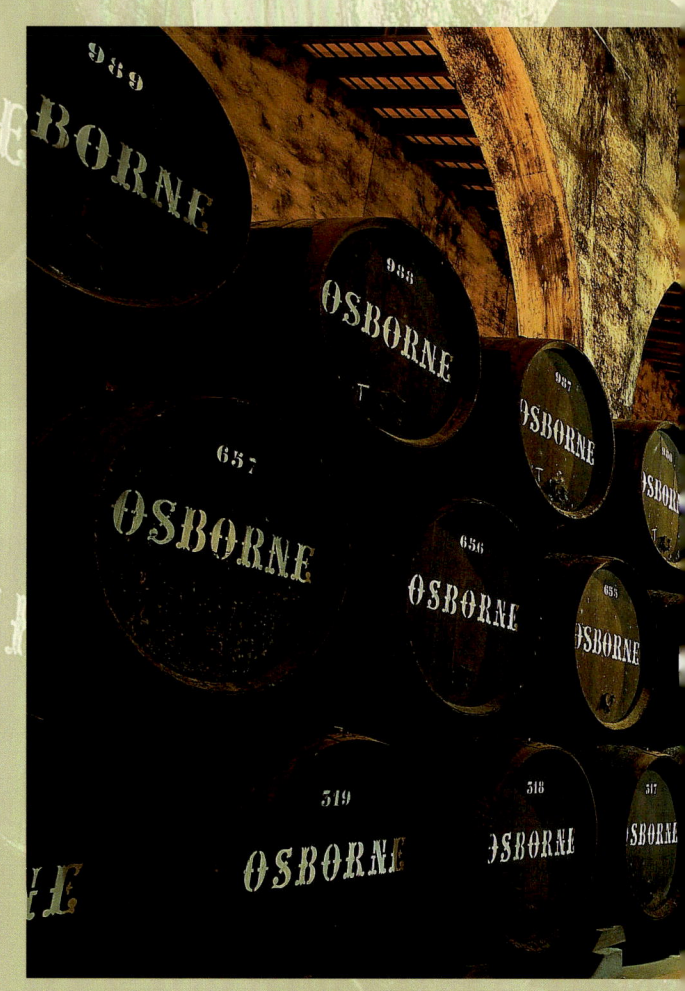

Oben rechts:
Die Sherry-Fässer sind nur halb gefüllt und in drei Reihen übereinander gestapelt. Der junge Wein aus den oberen Fässern wird dem älteren aus den darunterliegenden beigemischt. Über das richtige Mischungsverhältnis wacht der Kellermeister, der mit dem langstieligen Schöpfzylinder „venencias" den Sherry abfüllt.

Ein süßliches Rüchlein umspült uns auf dem Weg zu „Sandeman's Herz", ins Allerheiligste der Sherry-Kathedrale hinein, zu den aufgestapelten „botas", Fässern aus Eichenholz, in denen der Rebensaft zu aromatischer Größe reift. Verschnitten ist er aus alten und jungen Weinen und bedeckt von einer dickpelzigen Florhefeschicht (flor del vino), die im gläsernen Präsentationsfass der „finos" nicht den ästhetischsten Eindruck macht, ihn jedoch vor Oxidation und Essigbakterien bewahrt. Wir tauchen zur Abfüllanlage vor, gehen 47 000-Liter-Mischfässern auf den Grund und vertiefen uns ins Reich der altgoldenen „amontillados" und mahagonifarbenen „olorosos". Mit dem Pegelstand des Wissens steigt unser Verlangen, quillt der Verschmelzungswunsch von Gaumen und Sherry über. Und da Sandemänner und -frauen solche Kundentriebe kennen, kommt kein Rundgang ohne „cata" aus, das Pröbchen zum guten Schluss. Endlich, ja endlich dürfen wir kosten, „fino" und „medium" und „cream" direkt aus der Quelle – und setzen den Vormittag in Jerez de la Frontera wohlgelaunt fort.

ENGLÄNDER, IREN UND SCHOTTEN NÄHRTEN DEN RUHM VON „JEREZ"

Wer in Spanien Sherry sagt, erntet Unverständnis. „Jerez" heißt er hier und entströmt dem geographischen Anbaudreieck zwischen Jerez de la Frontera, Puerto de Santa María und Sanlúcar de Barrameda. Über sanfte Hügel wellen sich die Weingärten mit ihren Rebsorten Palomino und Pedro Ximénez, die aus blendend weißen „albariza"-Kreideböden erwachsen. Im ausgewogenen atlantischen Klima tanken sie 300 Sonnentage und 600 Millimeter Regen pro Jahr – eine ideale Kombination, für die englisch-, irisch- und schottischstämmige Weinhändler im 18./19. Jahrhundert ein besonderes Näschen hatten. All die Harvey's und Byass' und Sandeman's brachten das Business mit Spaniens Süden ins Rollen und nährten Ruhm und Absatz jenes Tropfens, den schon Piraten vom zweifelhaften ritterlichen Schlag eines Sir Francis Drake mit Gewalt erbeutet hatten – 1587, beim Sturm auf Cádiz, fielen ihm und den Seinen reichliche Mengen in Hände und Schlunde.

Die Engländer nannten den Drink zunächst „sack", später „sherry". Stilecht kostet man ihn aus „catavinos", feinen kristallenen Gläsern, die sich nach oben hin verjüngen und – ganz im Sinne des Buketts – allerhöchstens zur Hälfte gefüllt werden. In Kellereien und Sherryshops füllen die Herren über Fässer und Minimalmengen ihre Proben in hohem Bogen mit „venencias", langstieligen silbernen Schöpfzylindern, in die „catavinos". Um die Gunst der Trinker in aller Welt buhlen Traditionserzeugnisse wie Bristol Cream und Tío Pepe, „Onkel Pepe", der sich als Werbemännchen die Hügel an Spaniens Straßen mit dem Osborne-Stier teilt.

Als Klassiker und kulinarische Vielzweckwaffe ist und bleibt der Sherry – oder „jerez" – in aller Munde. Ein gekühlter trockener „fino" stimmt auf die Mahlzeit ein, die man mit einem samtig-süßen „oloroso" beendet. Mit seinem vollaromatischen Duft und bis zu 24 Prozent Alkoholgehalt hat es der Dessertwein gleich doppelt in sich.

Ganz Oben:
In der Provinz Cádiz haben sich Sherry-Riesen von Weltruf angesiedelt: zum Beispiel Osborne in Puerto de Santa María.

Oben:
In dem typischen, feinen, kristallenen Sherryglas wird zunächst die Farbe einer genauen Untersuchung unterzogen.

Links:
In den Bodegas – auch „Kathedralen des Weins" genannt – lagern tausende von schwarzen Eichenfässern, hier in der Bodegas Osborne. Der reifende Wein wird angesaugt, damit die Fässer nicht bewegt werden müssen.

Seite 122/123:
An der „Küste des Lichts" führen Entdeckungstouren nach Conil de la Frontera. Die Umgebung ist für ihre urwüchsigen Strände und Buchten bekannt, hier die Cala del Aceite.

Unten:
Bei Barbate, an der Costa de la Luz, verfängt sich der Meereswind in den Pinienhainen des kleinen Naturparks Pinar de Barbate.

Kleine Bilder:
Überhaupt gedeiht im Küstenbereich eine bunte Pflanzenwelt, zu der auch Zistrosen (Mitte) sowie Mohn und Margeriten zählen (oben).

121

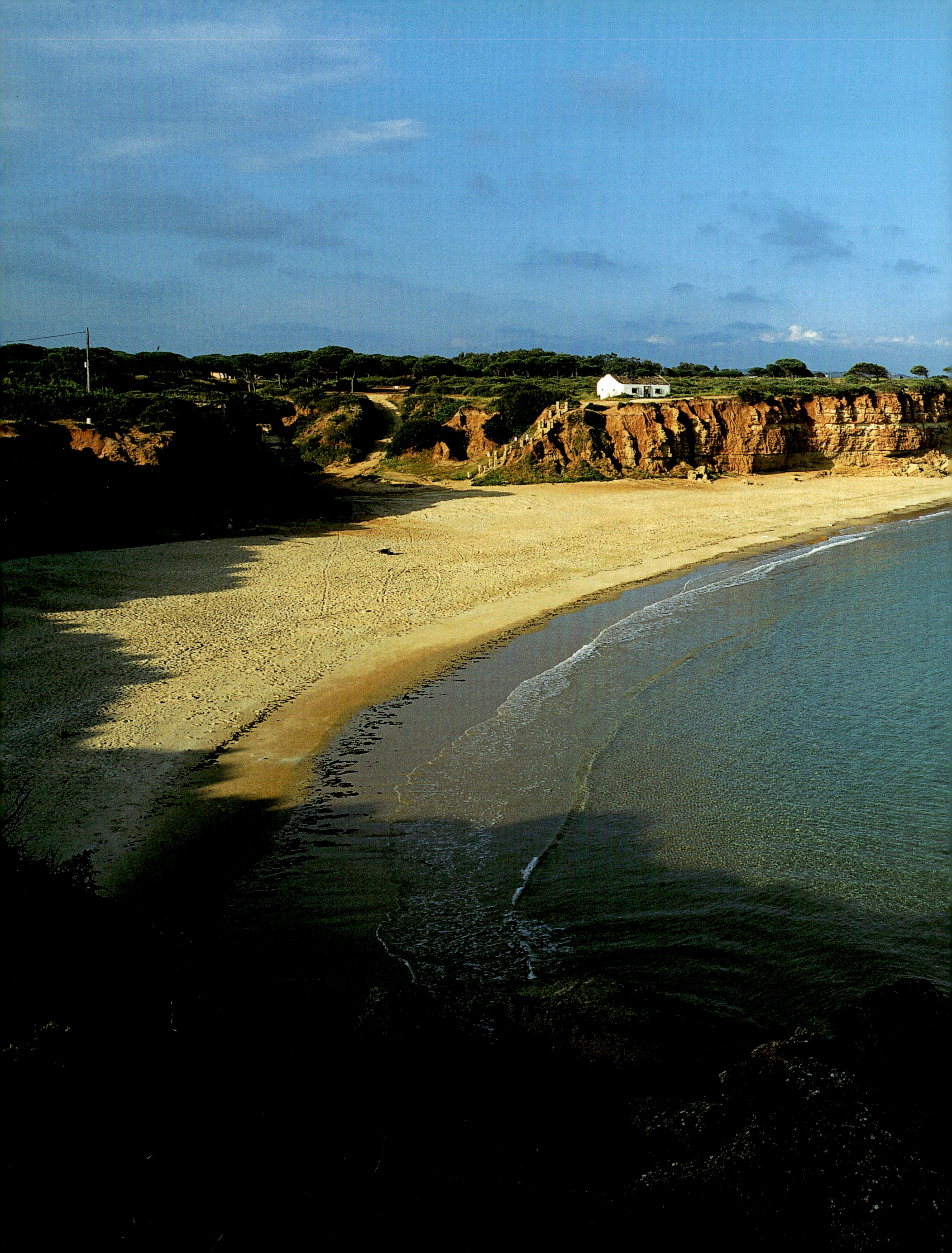

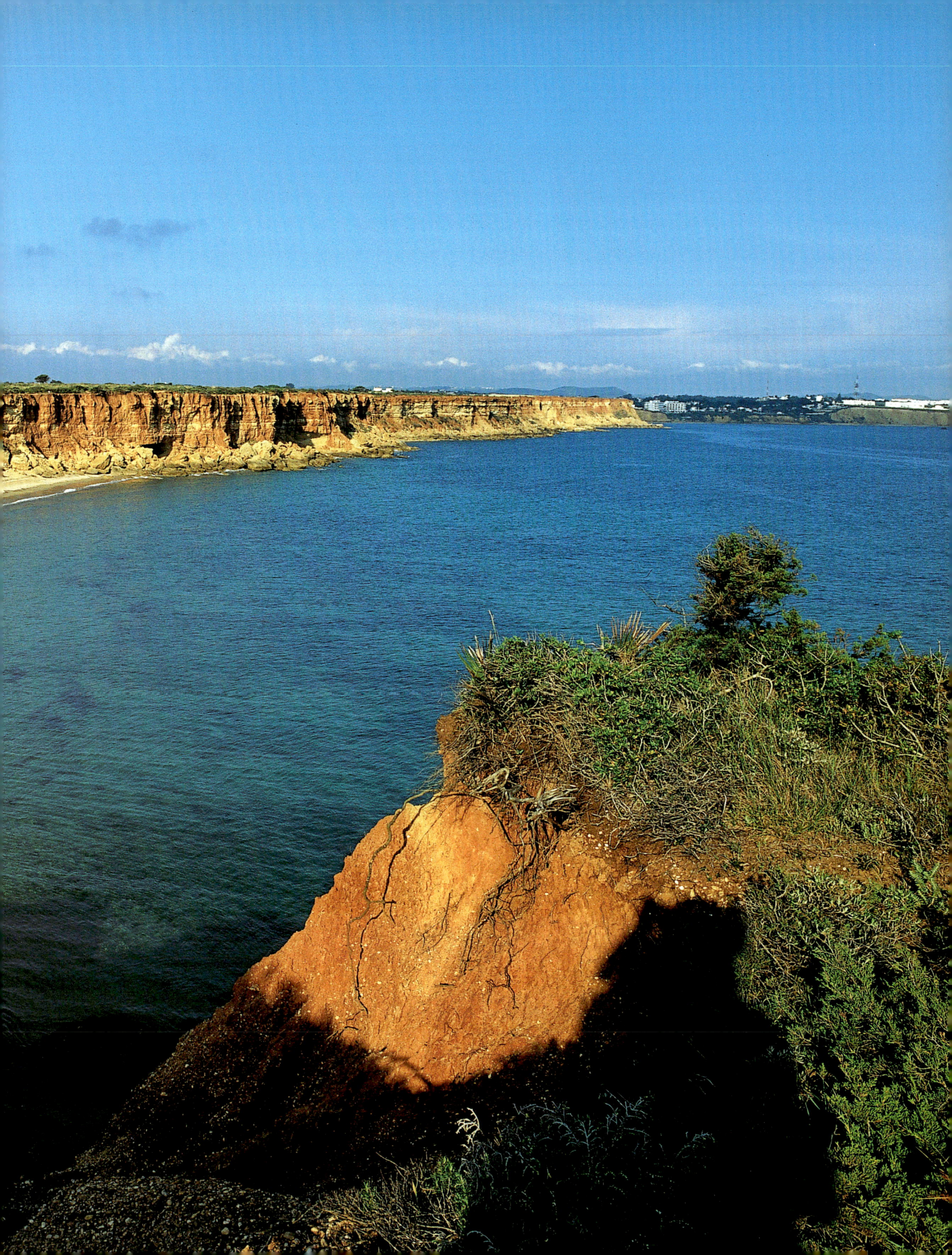

Links:
Los Caños de Meca gilt als Wassersportparadies an der Costa de la Luz.

Ganz links:
Nicht zu übersehen an der Küstenstraße nordwestlich von Tarifa: die große Sanddüne von Punta Paloma.

Oben:
Die Costa de la Luz ist nicht nur die „Küste des Lichtes", sondern auch die Küste des Windes. Hier kommen Windsurfer voll auf ihre Kosten.

124

Unten:
Bei Los Caños de Meca liegen spektakuläre Steilküstenabschnitte, viele Strände locken noch mit einsamer Idylle.

Links:
Gut für die Durchblutung, die Lungen und überhaupt: Beach-Trekking an der Costa de la Luz, Los Caños de Meca.

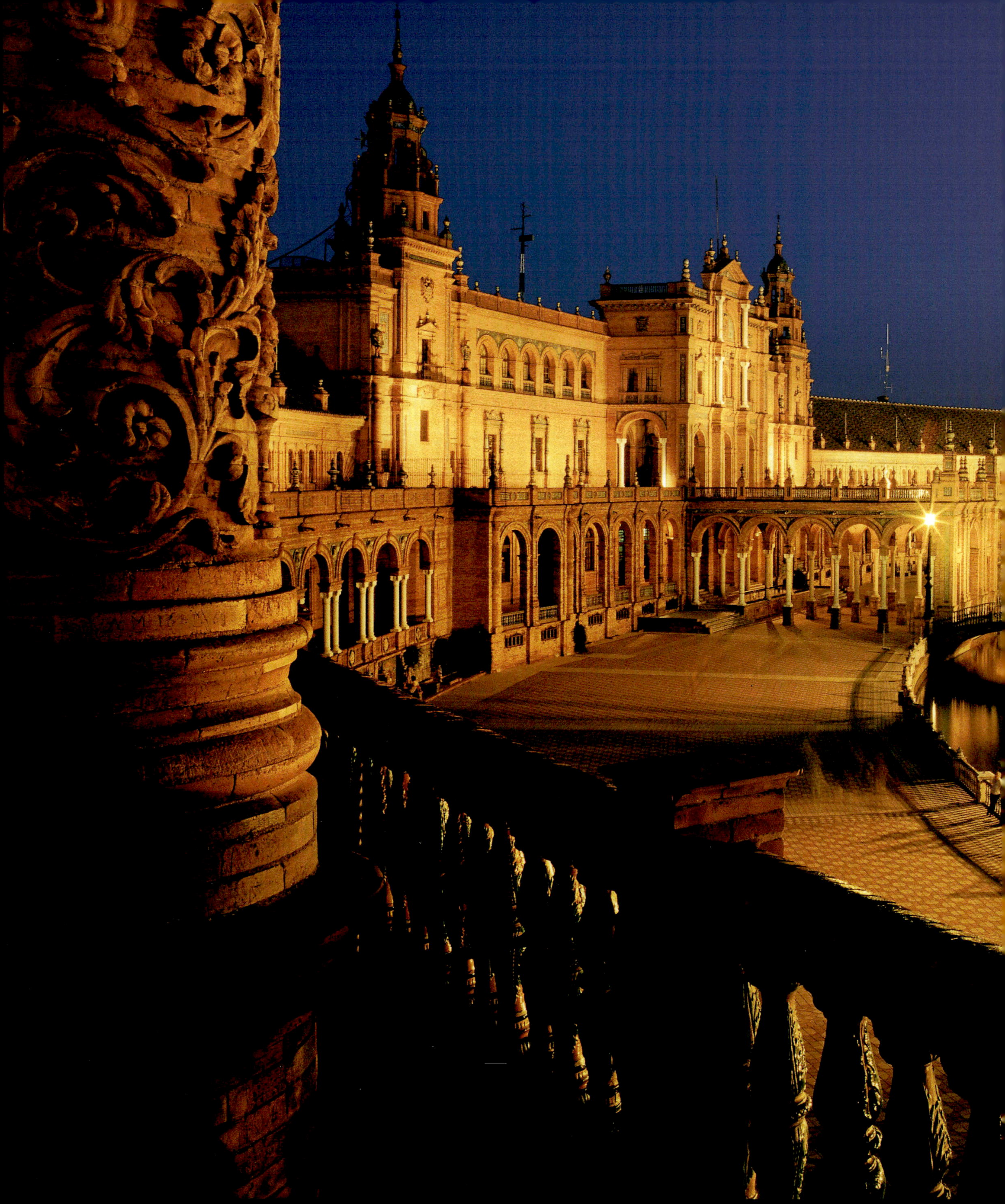

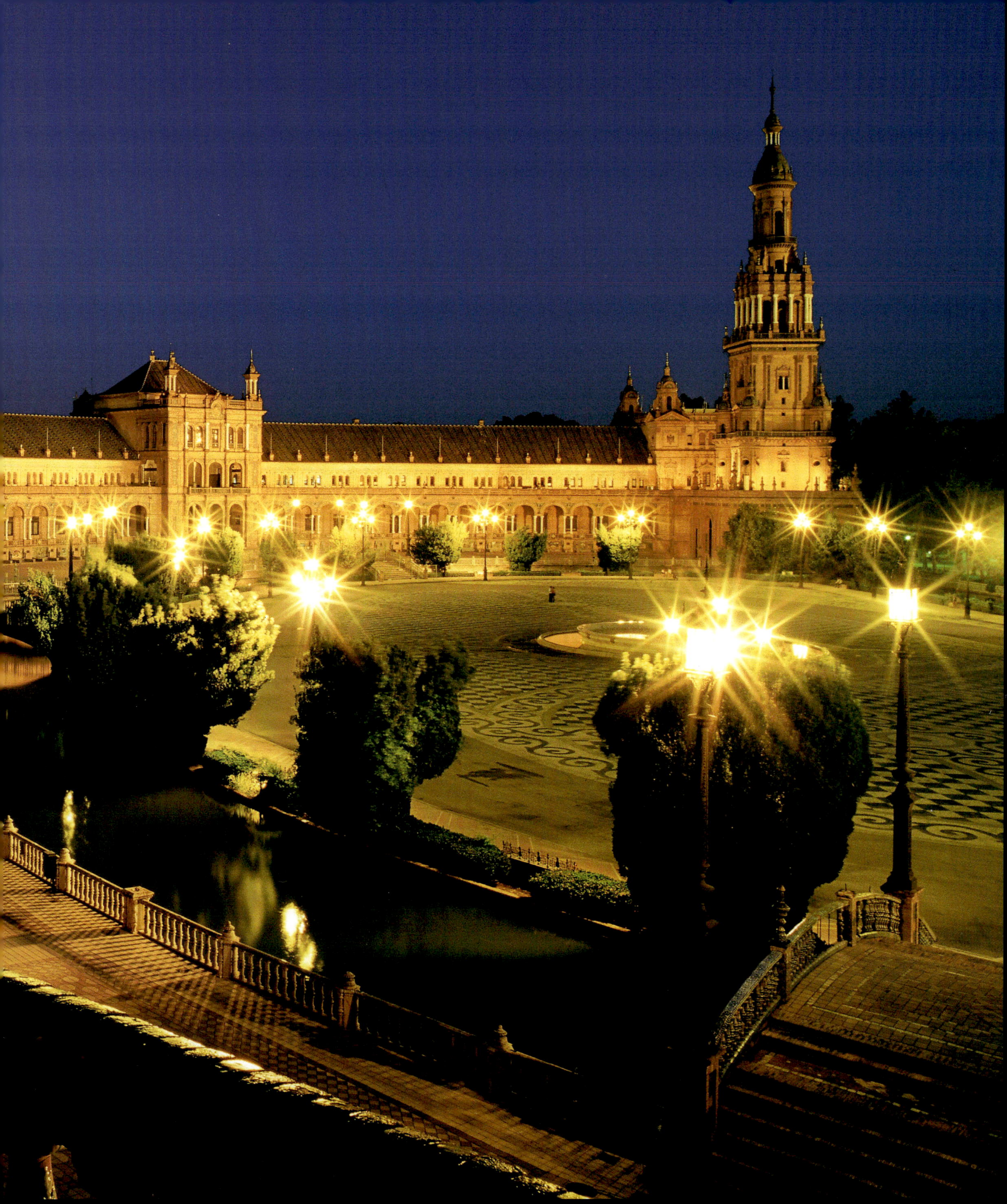

Seite 126/127:
Sevillas Plaza de España zählt zu dem Schönsten, was die Stadt zu bieten hat. Das große Halbrund mit seinen herrlichen architektonischen Schnörkeln geht auf die Iberoamerikanische Ausstellung von 1929 zurück.

Unten:
Die Kathedrale von Sevilla gehört zum Weltkulturerbe und entfaltet ihre monumentale gotische Pracht auf einer Grundfläche von 173 mal 149 Metern. Über hundert Jahre, von 1402 bis 1519, währte die Bauzeit für eines der gewaltigsten Gotteshäuser der Christenheit.

Rechts oben:
Das Kathedralinnere wird überdeckt durch 69 Kreuz-, Stern- und Netzgewölbe, 90 bemalte Glasfenster aus verschiedenen Jahrhunderten erleuchten den Raum, in dem auch eine gewaltige Orgel nicht fehlt.

Rechts Mitte und unten: Sevillas Kathedrale ist nicht nur von außen ein Monumentalwerk, auch die Gestaltung des Inneren ist überwältigend. Man stößt nicht nur auf das vermeintliche Grab des Christoph Kolumbus, sondern auch auf Marienskulpturen (Mitte) und auf den reich ausstaffierten Hauptaltar (unten), der allein 23 Meter hoch und 12 Meter breit ist. Von 1482 bis 1564 dauerten die Schnitzarbeiten an diesem gotischen Hochaltar.

DIE HEILIGE WOCHE
SEMANA SANTA

Unten:
Die einzelnen Teilnehmer einer Prozession werden „nazarenos" genannt. Dabei handelt es sich um Büßer, die Kerzen und lange Tunikas tragen und ihre Gesichter mit spitzen Kapuzen verhüllen.

Oben rechts:
Der Brauch spitze Mützen (capirote) zu tragen, geht auf das 14. Jahrhundert zurück, als die öffentliche Züchtigung verboten war. Wer sich weiterhin kasteien wollte, verdeckte sein Gesicht.

Rechts:
Die Prozessionen werden von sogenannten Bruderschaften, „confradia", vorbereitet und durchgeführt. Die erste dieser Bruderschaften wurde 1531 in Sevilla gegründet.

Gespenstische Bilder gehen um die Welt, Bilder von Schmerz und Stille und Ergriffenheit. Alljährlich zu Ostern und von Zuschauermassen flankiert, schieben sich kilometerlange Prozessionen durch die Straßen Sevillas. „Nazarenos", Büßer in wallenden Tunikas, tragen Kreuze, Kerzen und Standarten. Manche laufen – eines Gelübdes wegen oder aus Buße – barfuß. Ihre Köpfe halten sie mit hohen, spitzen Kapuzen bedeckt, hinter schmalen Sehschlitzen verschwimmen die Augen. Was martialisch aussieht und auf den ersten Blick an den Ku-Klux-Klan erinnert, fußt einzig auf tiefer Frömmigkeit. Auf Hingabe und Emotionen, die so und nicht anders nur Andalusiern entströmen können. Zwischen Palm- und Ostersonntag formieren sich in Sevilla Mitglieder von rund 60 „cofradías", Laienbruderschaften, zu ihren Prozessionen. Wobei „Bruderschaft" nicht wörtlich zu nehmen ist – in mancher „cofradía" stehen Frauen ihren Mann. „Saetas", herz- und markzerreißende Lieder, begleiten die Umzüge. Und abgestellte Träger (costaleros) schleppen die „pasos" auf ihren Schultern voran, tonnenschwere Aufbauten mit einzelnen Marien- und Jesusfiguren oder gleich mit ganzen Skulpturenensembles überladen. Unter den Podesten hinter Samtvorhängen versteckt und mit Schulterpolstern gerüstet, fällt den „costaleros" eine schweißtreibende Fein- und Gemeinschaftsarbeit zu. Keine Schrittfolge, kein Kommando

Links:
Die „pasos" werden für die Prozession vorbereitet und vergoldet. „Pasos" bedeutet eigentlich „kurze Handlung" und verweist darauf, dass die katholische Kirche mit szenischen Mitteln ihre Lehre den Nicht-Lesekundigen vermitteln wollte.

Oben:
Um das Drama der Leiden Christi in Schaubildern aufzuführen muss viel geschnitzt werden, zum Beispiel Engelsflügel.

Oben links:
Hinter den Kulissen verlangen die Prozessionen gewaltige Vorarbeiten. Jedes Detail wird mit Sorgfalt und Liebe bearbeitet – hier wird der Marienkrone der letzte Silberschliff gegeben.

Mitte:
Sevillas Karwoche, Semana Santa, beginnt am Palmsonntag, eine Woche vor Ostern, und bietet jeden Tag und meist auch nachts ergreifende Prozessionen mit Christus- und Marienbildnissen.

bleibt dem Zufall überlassen. Mit Generalproben in den Gassen der andalusischen Hauptstadt spielen sich die „costaleros" lange vor Ostern millimetergenau auf ihre Auftritte ein. Mitunter gehen sie auf die Knie, denn nicht alle gestemmten „pasos" passen durch die Kirchenportale.

PROZESSIONEN UND PASSIONSSPIELE ALS AUSDRUCK TIEFSTER FRÖMMIGKEIT

Die Faszination Semana Santa – mit ihrem Fundament des christlichen Glaubens und einer ungeschminkt durchlebten Trauer um Leiden und Sterben Jesu Christi – packt Besucher auch außerhalb Sevillas. In den engen Gassen von Arcos de la Frontera saugt man den Prozessionsduft von Weihrauch und Kerzenwachs ein, durch Puente-Genil ziehen maskierte Römer- und Bibelfiguren sieben Stunden und länger, bei Großprozessionen in Córdoba treiben Bildnisse wie das der Schmerzensmutter Nuestra Señora de las Angustias und des Cristo de la Buena Muerte durchs Menschenmeer. In Granada kann man sich dem Bann der Stillschweige-Prozession (Procesión del Silencio) und jener des Zigeuner-Christus (Cristo de los Gitanos) nicht entziehen, während sich bei den El-Paso-Passionsspielen von Ríogordo – an Karfreitag und -samstag vor Tausenden Zuschauern und den natürlichen Kulissen im Hinterland von Málaga – rund 400 Laienschauspieler des Ortes mit Leib und Seele einbringen.

Seit den Zeiten König Karls III. pflegt man in Málaga eine kuriose Tradition. Weil sich Strafgefangene einst nicht scheuten, einen „paso" durch die epidemieverseuchte Stadt zu tragen und im Anschluss artig in ihre Zellen zurückkehrten, kommt in der Karwoche ein Inhaftierter frei. Kein Serienkiller à la Jack the Ripper natürlich, sondern ein sorgsam Auserwählter.

131

Oben rechts und links:
Auf Sevillas Semana Santa folgt ein ganz anderes Fest: die knapp eine Woche andauernde Feria de Abril, bei der man schmucke Paare auf Pferden sieht. Ursprünglich der Abschluss eines Viehmarktes wird das Frühlingsfest seit 1848 gefeiert.

Rechts:
Auch für das leibliche Wohl ist bei der Feria de Abril gesorgt – das Festzelt der Zigeuner (gitanos) bietet fritiertes Gebäck.

Zwar feiern auch andere Städte ihre Ferias, doch die Feria de Abril gilt landesweit als Hauptereignis. So sparen sevillanos und sevillanas an nichts. Anzüge und Kleider sind selbst bei den Jüngsten (links) und auf den Rücken stattlicher Rösser vom Feinsten (oben links und rechts).

Oben:
Sevillas Alcázar – hier von der Giralda aus gesehen – ist ein ursprünglich almohadischer Festungspalast. Im 14. Jahrhundert war es Peter I. der Grausame, der ihn zu einem prachtvollen Palais erweitern und mit ausschmücken ließ. Seine zinnengekrönten Mauern umschließen nicht nur Gebäude, sondern auch Gärten.

Rechts:
Die Sala de Embajadores ist einer der prunkvollsten Räume im Alcázar und reich geschmückt mit mudejarer Stuckdekoration. 1526 heirateten hier Karl V. und Isabella von Portugal.

Links:
Der Prunksaal Sala de Embajadores, der Botschafter- oder Gesandtensaal, ist gekrönt von einem Stalaktitengewölbe, das in der Luft zu schweben scheint.

Unten:
Eine Oase der Ruhe bieten die herrlichen Gartenanlagen des Alcázar von Sevilla mit ihren Orangenbäumen, Zedern, Palmen und Zypressen.

Unten:
Sevillas Häuser müssen nicht berühmt sei, um ihren Zauber zu entfalten. Dieses steht am Murillo-Park, dessen Name daran erinnert, dass sich einst sein Grab auf der benachbarten Plaza de Santa Cruz befand.

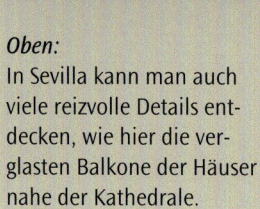

Oben:
In Sevilla kann man auch viele reizvolle Details entdecken, wie hier die verglasten Balkone der Häuser nahe der Kathedrale.

Oben und ganz oben:
Das urige Stadtviertel Barrio de Santa Cruz war Sevillas ehemaliges Judenviertel. Ein Gewirr enger Gassen und reizvolle Plätze laden zum Entdecken ein.

Rechts:
Etwas außerhalb des sevillanischen Stadtkerns betritt man die Casa de Pilatos, ein schönes und mit Bougainvilleen aufgelockertes Palais aus dem 15./16. Jahrhundert.

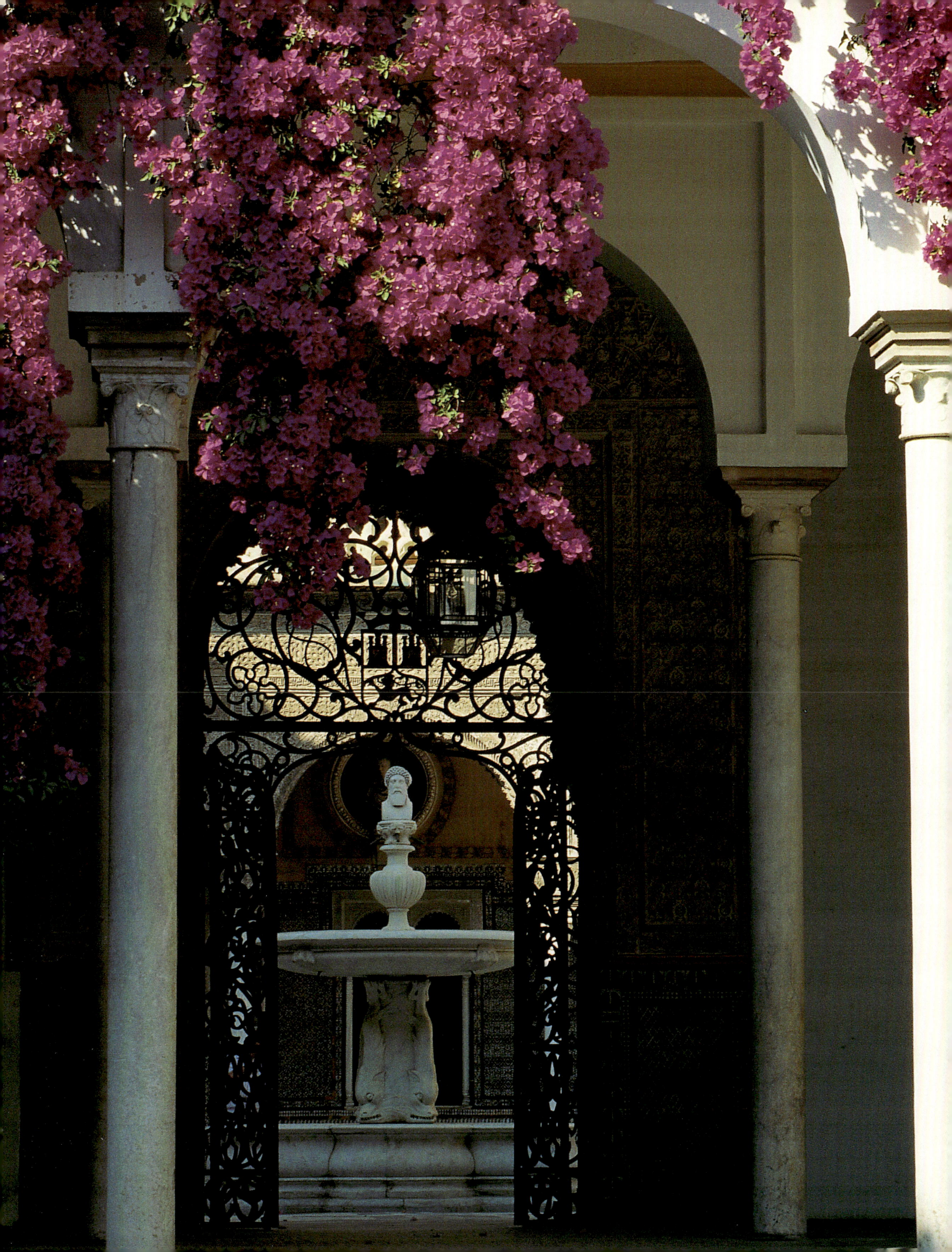

Kleine Bilder links:
Ein kunstvolles, bauchiges Allerlei an Töpfen und Vasen wartet darauf, bemalt (oben) und danach gebrannt zu werden (unten) – das Holzfeuer des Brennofens wartet schon (Mitte).

Unten:
Sevilla war jahrhundertelang berühmt für seine Keramikproduktion. So manches schöne Stück findet man auch noch heute. In der Keramikmanufaktur Santa Ana gehen die Töpfermeister mit besonderer Akribie zu Werke.

Unten:
In Santiponce, nordwestlich von Sevilla, erwartet Besucher die römische Ruinenstadt Itálica, die auf eine 2200-jährige Geschichte zurückschaut. Das große Amphitheater aus dem 2. Jahrhundert n. Chr. fasste einst 25 000 Zuschauer.

Rechts oben:
In der Casa de los Pájaros sind außer Mosaiken sogar einige Säulen erhalten geblieben.

Rechts Mitte und unten:
Einige Mosaikböden haben sich in Itálica, nachdem sie fast zwei Jahrtausende verschüttet waren, ihre Leuchtkraft bewahren können. In der Casa de Neptuno findet man Tierdarstellungen (Mitte) und in der Casa de los Pájaros ein Medusenhaupt (unten).

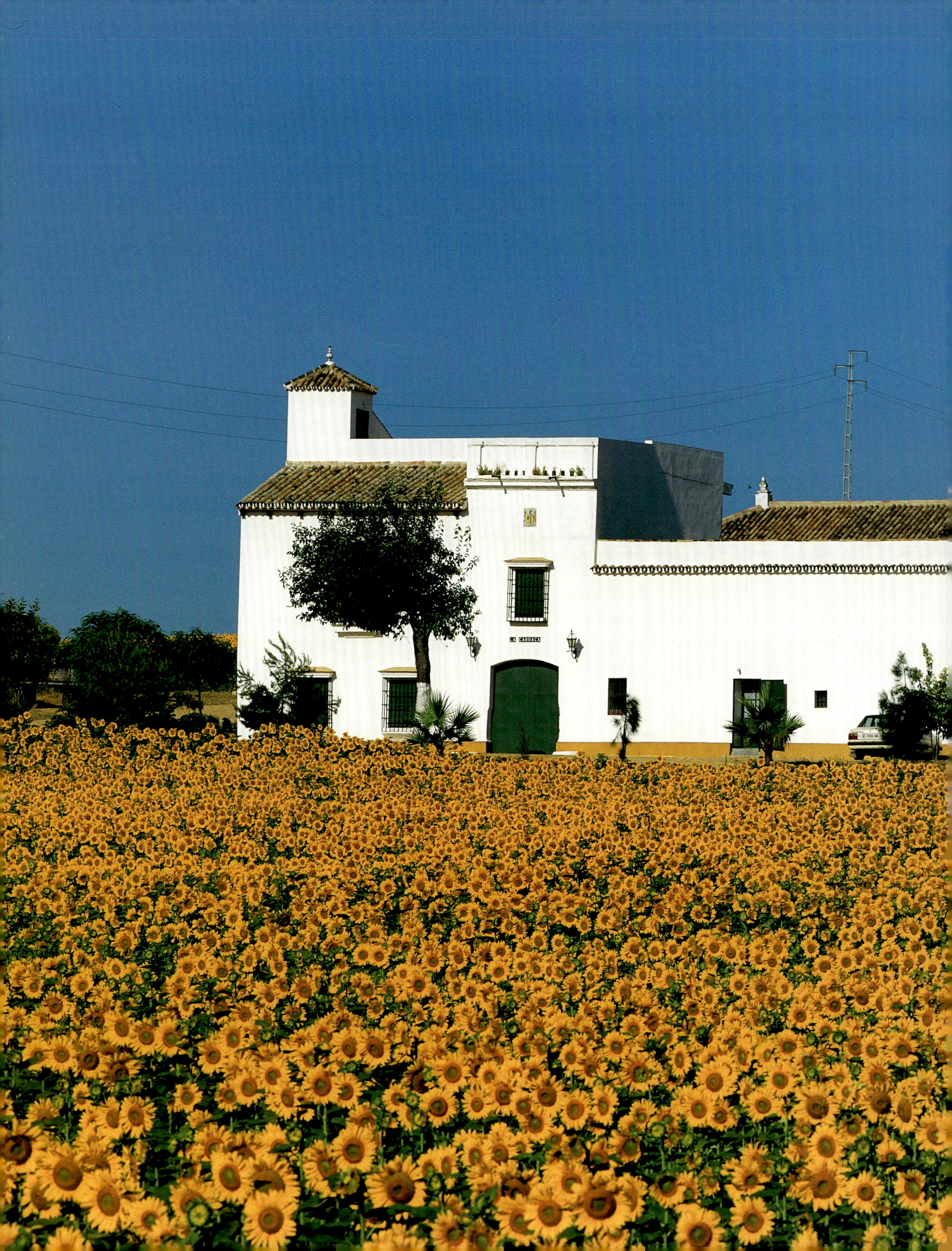
LA CARRACA

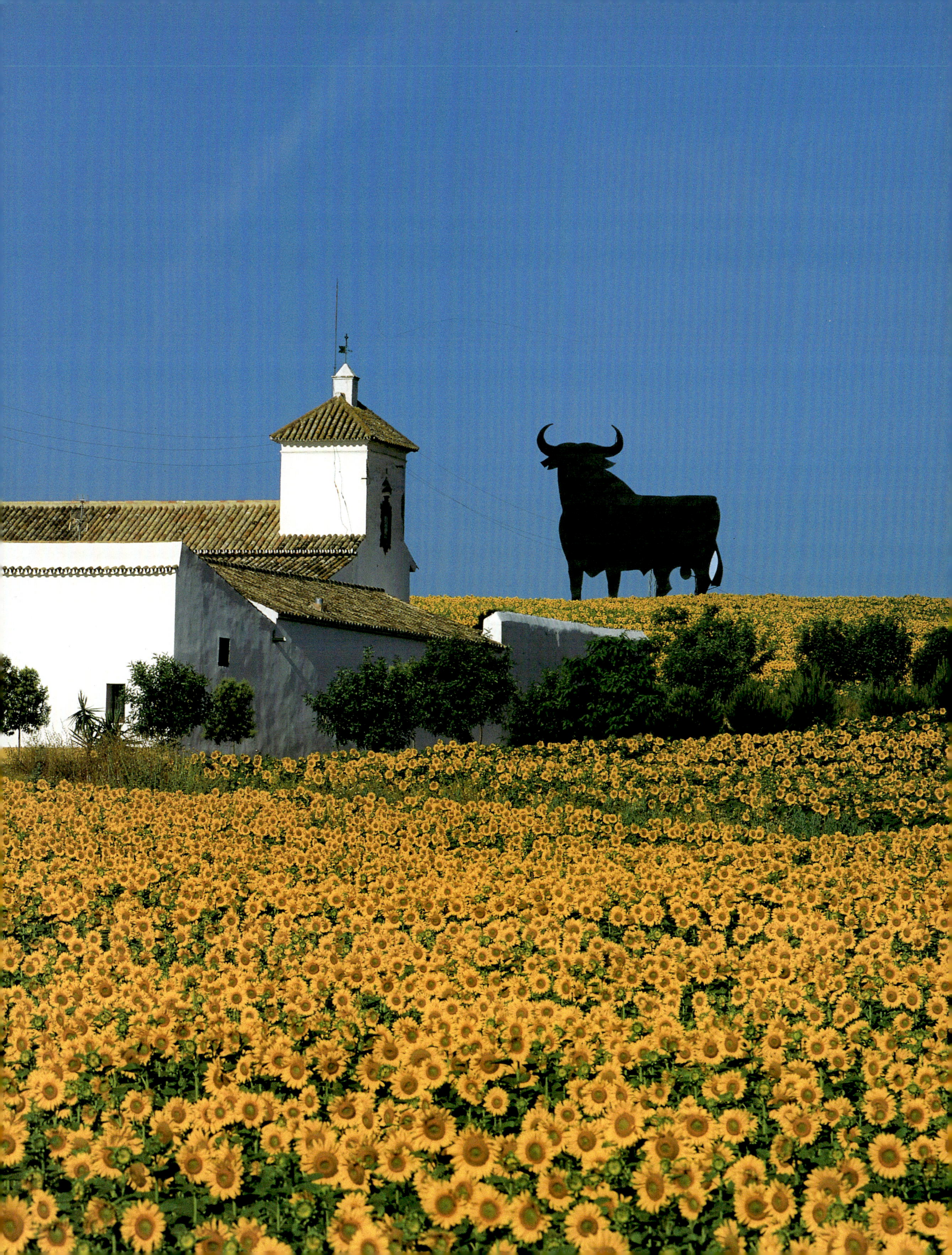

Oben:
Wenn Pfingsten naht, sind die Ochsenkarren in der sevillanischen Weite nicht fern. Ihr gemeinsames Ziel heißt El Rocío – dort laufen die Fäden bei Spaniens größter Wallfahrt zusammen.

Seite 142/143:
In Andalusien sind die Stiere nicht weit – wenngleich wie hier nur als Werbeträger der Bodegas Osborne. Ebenso typisch für Spaniens tiefen Süden sind die trutzigen Landgüter (cortijos).

Unten:
Bei der Pfingstwallfahrt nach El Rocío schreckt die Pilger weder ein langer Weg noch der von den Karren aufgewirbelte Staub.

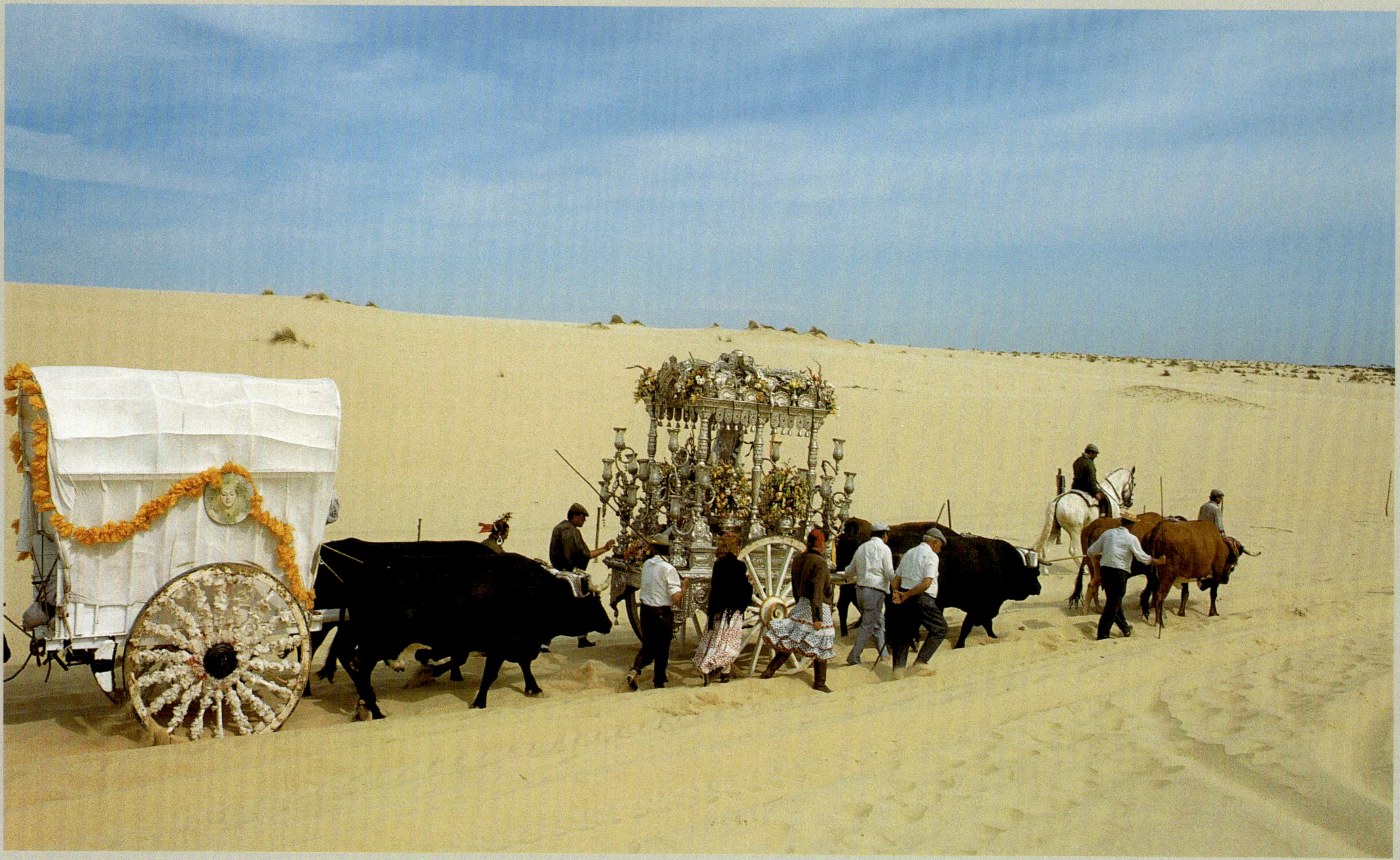

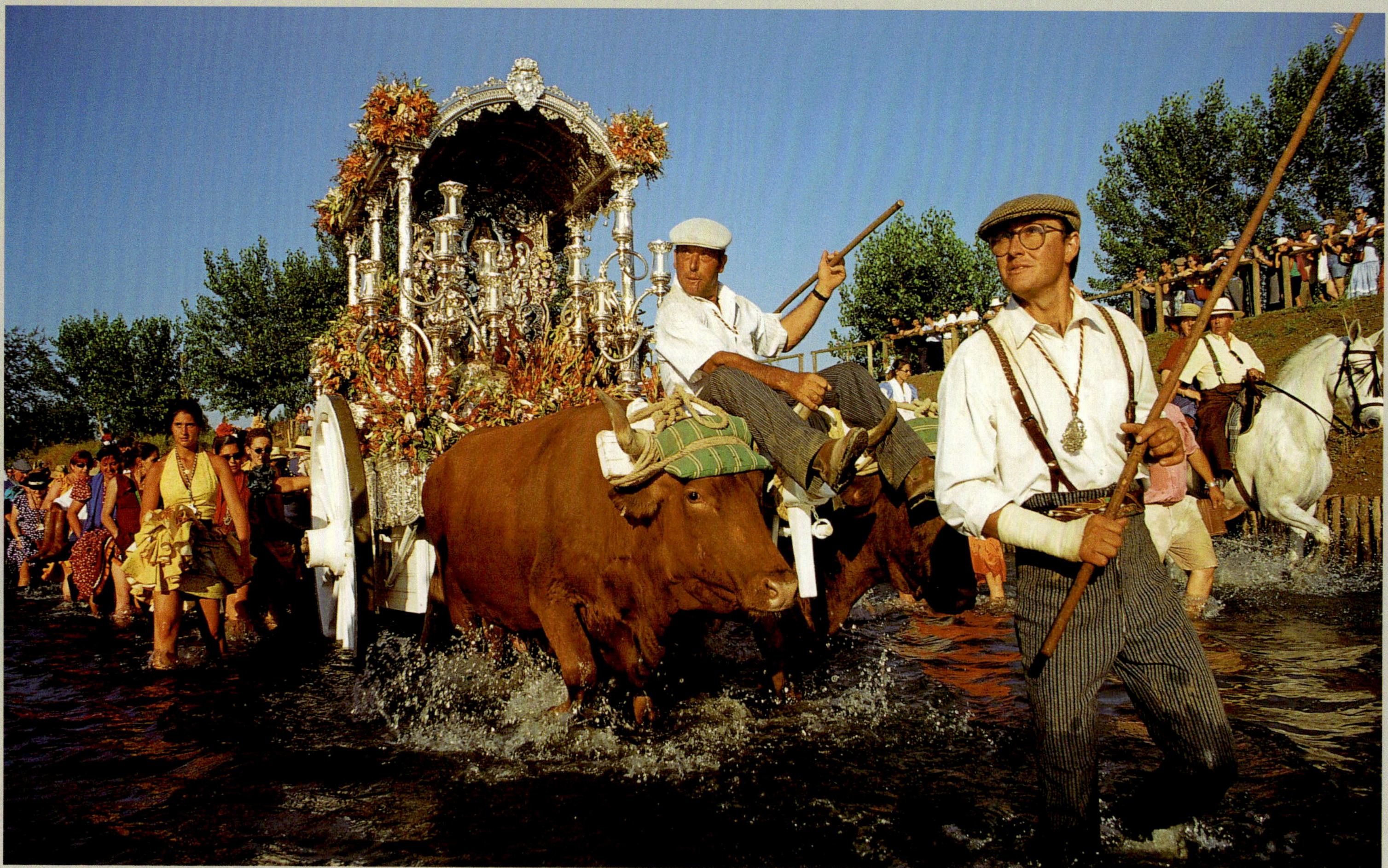

Linke Seite:
Auf dem Weg nach El Rocío machen die langen Züge der Ochsenkarren weder vor der weiten Wüste des Nationalparks Doñana (oben) noch vor den Fluten des Río Quema Halt (unten).

Die Rocío-Wallfahrt findet Ende Mai statt und zehntausende festlich gekleidete Menschen strömen zu Fuß (unten), in Pferdekutschen (oben) oder Ochsenkarren herbei. Angst vor Staub und rustikalen Feldlagern darf man dabei nicht haben.

Oben:
In glühender Hitze bringt jeder sein Opfer, wie dieser Pilger aus Sanlúcar de Barrameda, der eine Standarte schleppt.

Rechts:
Einmal im Jahr versammelt sich eine unzählige Menge von Pilgern in El Rocío, um das Bildnis der wundertätigen Madonna, die über die Köpfe der Gläubigen zu schweben scheint, zu verehren.

Unten:
Aber auch das abendliche Feiern miteinander in den Feldlagern mit Feuer gehört bei der Rocío-Wallfahrt dazu.

Oben und links:
Feierliche Andacht und Anspannung vereinen sich bei der Wallfahrt in El Rocío, die alljährlich zehntausende Pilger anlockt und insgesamt drei Tage dauert.

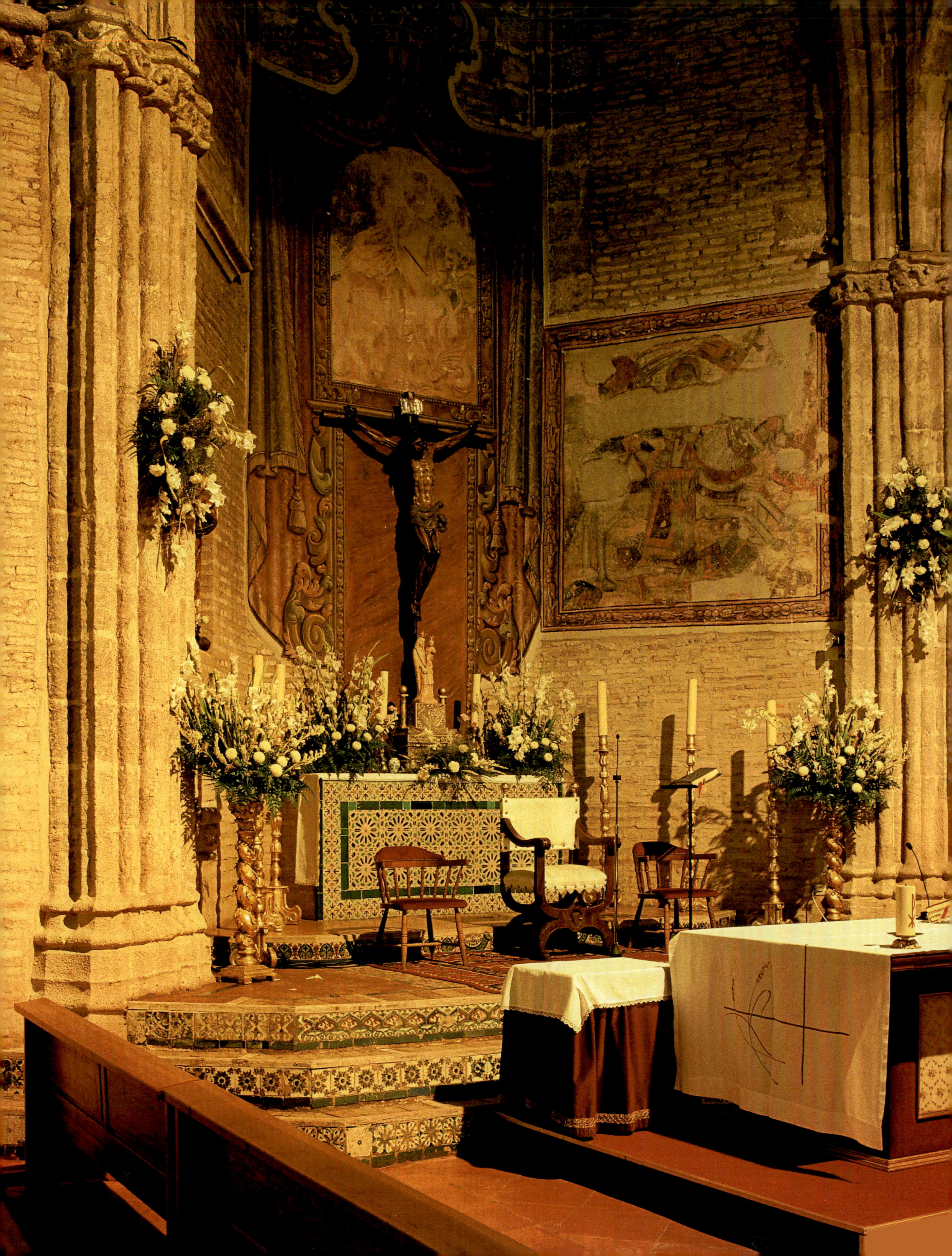

Linke Seite:
Palos de la Frontera, nahe Huelva gelegen, war vor Jahrhunderten ein Atlantikhafen, von dem aus „Amerika-Entdecker" Christoph Kolumbus im August 1492 in See stach und seine legendäre Reise begann. In Palos' Kirche San Jorge verlas man vor Abfahrt einen königlichen Erlass.

Aus dem Brunnen La Fontanilla in Palos de la Frontera versorgte Kolumbus seine Schiffe mit Wasser für seine lange Reise.

Im Franziskanerkloster La Rábida verehren die Katholiken die „Jungfrau der Wunder" (Virgen de los Milagros). Dort nahm Kolumbus an einer letzten Messe auf spanischem Festland teil.

Seite 152/153:
Südlich von Huelva, am Río Tinto, erinnert ein modernes Monumentalbildnis an Christoph Kolumbus, der 1492 Kurs auf Indien nahm und – aus europäischer Sicht – Amerika entdeckte.

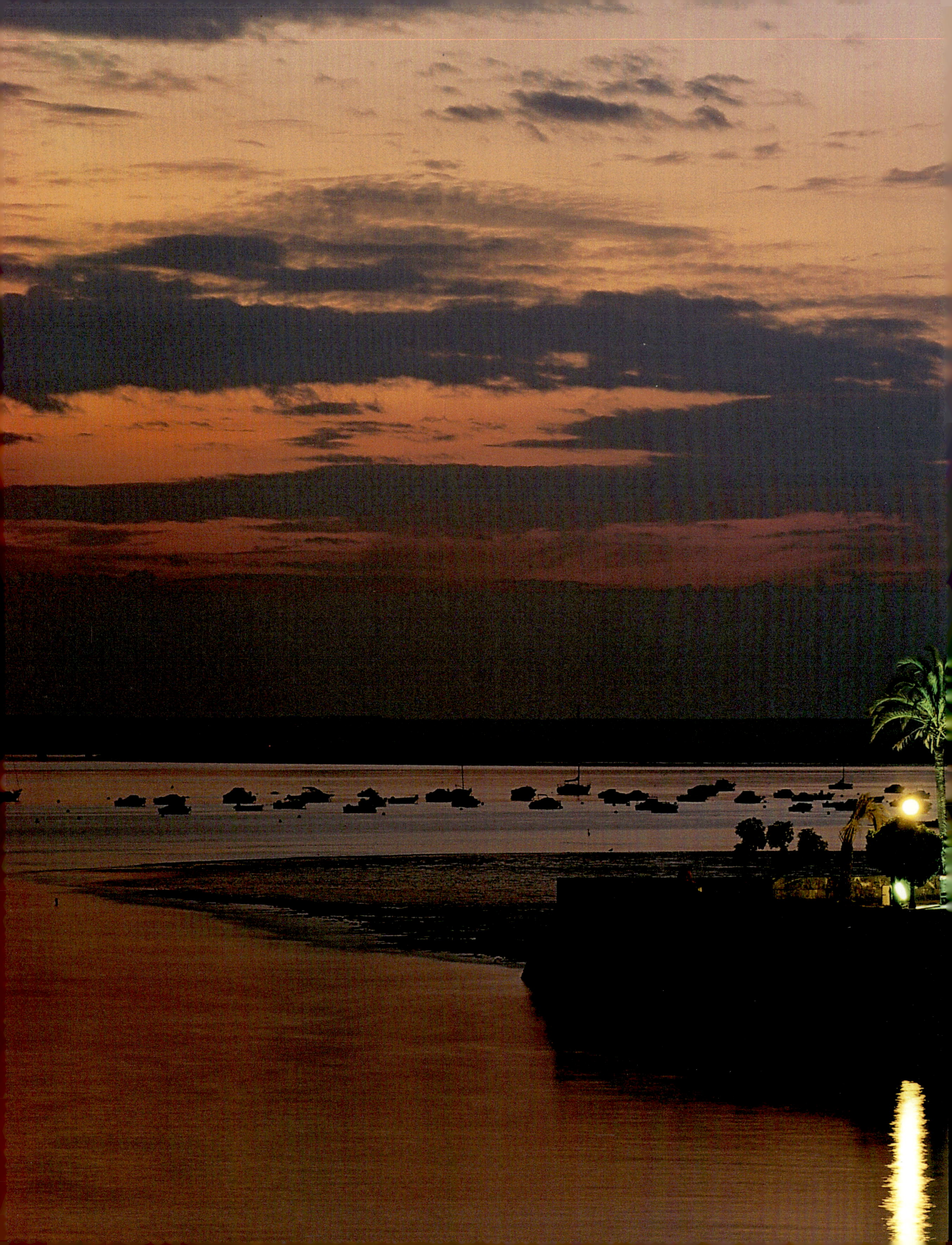

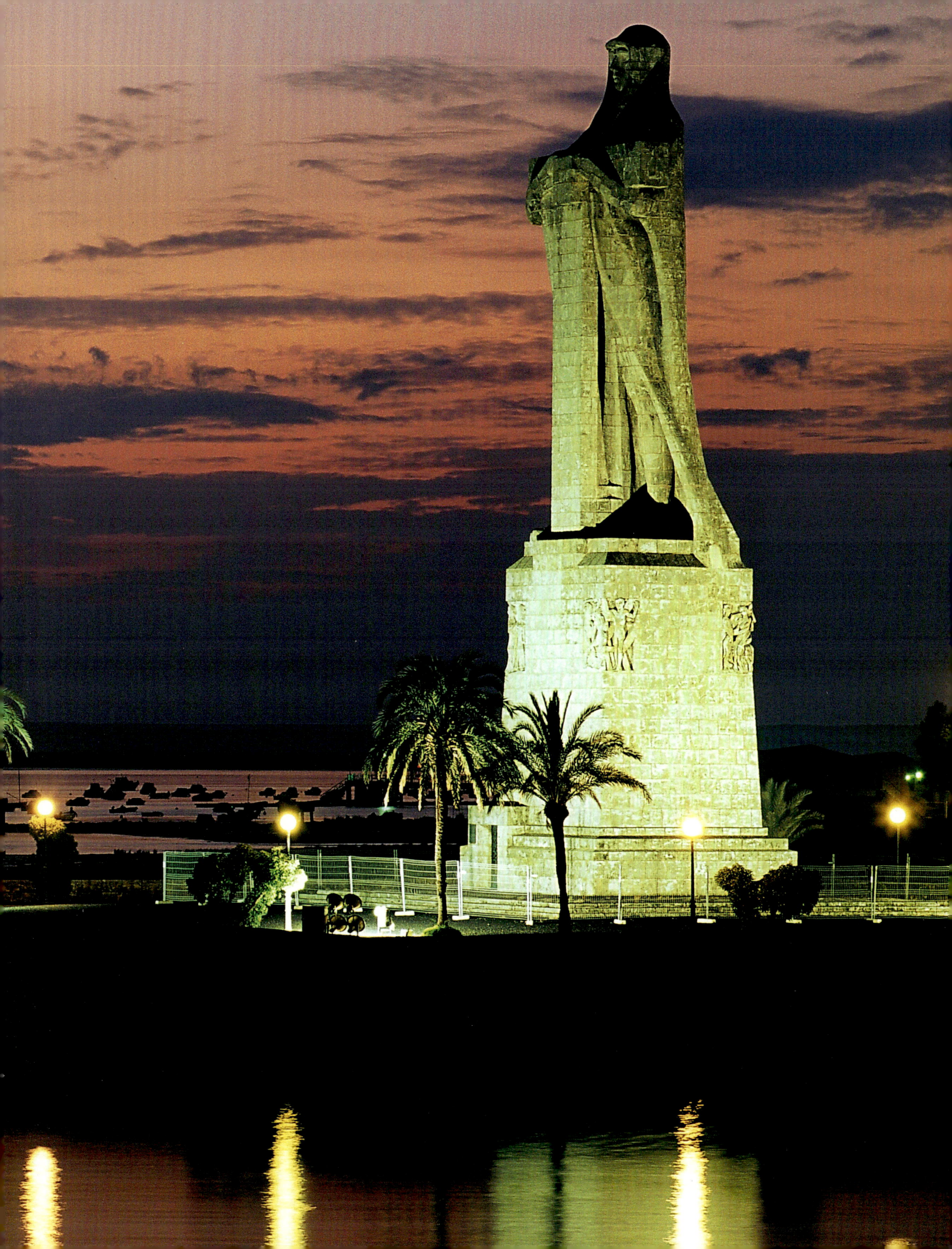

REGISTER

	Bildseite	Textseite
Aguadulce		33
Algeciras		18
Almadraba de Monteleva		45
Almería	36, 40, 42, 45	18, 23, 33, 44
Almodóvar del Río		24
Almuñécar		21, 33
Álora	96	
Alpujarras	32, 53, 56	17, 33, 59
Aracena		104
Arcos de la Frontera	92, 115	105, 131
Ardales	96	
Baeza	19, 63	32
Barbate	120	105
Benalmádena Costa		71
Bobastro	84	
Cabo de Gata	36ff, 40	18f, 33, 45
Cádiz	21, 31, 105, 109, 115, 119	21, 104, 119
Cala del Aceite	120	
Casares	7, 96	18
Cazorla	32, 69	33
Cerrada de Elías		21
Cómpeta	84	71
Conil de la Frontera	20, 59, 115, 120	105
Córdoba	22, 24, 71, 73, 77ff, 82	22ff, 73, 113, 131
Costa de Almería		33
Costa de la Luz	115, 120, 124f	19, 104f
Costa del Sol	7, 84, 100	17f, 24, 70ff
Costa Tropical		18, 33
Darro	31	30
Desierto de Tabernas		44
Doñana	147	19, 105
El Chorro	69	
El Rocío	1, 144f, 147ff	
El Tajo		72
El Torcal de Antequera	84	19, 72
El Tranco de Beas		33
Estepona	100	72
Fondón	32	
Frigiliana	90f	18, 71
Fuengirola		71
Gaitanes	84	
Garganta del Chorro	84	
Gibraltar		18f, 23, 72, 105
Golfo de Almería		45
Granada	31ff 46, 48, 53, 56, 92	16, 18, 23, 30, 32f, 58f, 93, 131
Guadix	48, 53	33
Huebro	42	
Huelva	151	
Itálica	140f	21

	Bildseite	Textseite
Jabugo		59, 104
Jaén	31, 63, 69	23, 30
Jerez de la Frontera	14f, 110, 115	23, 93, 104, 118
Juviles		53
La Calahorra	48, 53	
La Mula	42	
Laguna de Fuente de Piedra		19, 72
Lanjarón		53
Los Caños de Meca	124f	
Málaga	84, 96, 113	21, 23, 25, 70f, 113, 131
Marbella	99	18, 71f
Matalascañas		105
Medina Azahara	78f	
Medina Sidonia	115	105
Meseta		18
Mijas	84, 91	72
Montefrío		53
Navas de Tolosa		23
Nerja	90, 100	18, 71
Níjar	42	
Olvera		73
Palos de la Frontera	151	
Pampaneira		33
Pinar de Barbate	120	
Playa de los Bateles		20
Playa de los Genoveses	40	
Playa del Mónsul	37, 40	
Playa del Peñón Blanco	40	
Puente-Genil		131
Puerto Banús	99	17, 71
Puerto de Santa María	14f, 112, 119	118
Punta Paloma	124	
Quesada		69
Río Borosa		21
Río Guadalete		105
Río Guadalevín	95	72
Río Guadalquivir	67, 80f, 103	21, 33
Río Quema		1, 147
Río Tinto	151	
Ríogordo		131
Rodalquilar		45
Ronda	72f, 95f, 112	23, 72f, 93, 112f
Roquetas de Mar		33
Salinas del Cabo de Gata	38	
Salobreña		33
Salto de los Órganos		21
San José	38	45
San Nicolás		30
Sanlúcar de Barrameda	19, 147	118

154

	Bildseite	Textseite		Bildseite	Textseite
Santa Catalina		33	Sierra Morena		18, 59
Santiago		20	Sierra Nevada	33	17f, 30, 33
Santiponce	140				
Serranía de Ronda		18	Tabernas		45
Setenil	115		Tajo		95
Sevilla	8f, 12f, 18f, 22, 103, 105, 128ff, 139f	21, 23, 25, 93, 102ff, 113, 130f	Tapas	58	58
			Tarifa	20, 124	105
			Torremolinos		18, 71
Sierra Bermeja	96		Torrox		91
Sierra de Aracena		104	Trafalgar		23, 105
Sierra de Cazorla	24, 67, 69	19, 21, 33	Trevélez		33, 59
Sierra de Gata		45			
Sierra de Grazalema		73	Úbeda	25, 53, 66	32
Sierra de María	42				
Sierra de Tejeda		71	Vejer de la Frontera		105
Sierra del Cabo de Gata	37		Vélez Blanco	42	
Sierra del Gigante	42				

IMPRESSUM

Buchgestaltung
Förster Illustration & Grafik, Würzburg

Karte
Fischer Kartografie, Fürstenfeldbruck

Die Deutsche Bibliothek – CIP-Einheitsaufnahme
Andalusien / Andreas Drouve (Autor)
Jürgen Richter (Fotogr.) –
Würzburg: Verlagshaus Würzburg, 2001
ISBN 3-8003-0997-1

Alle Rechte vorbehalten

Printed in Germany
Repro: Artilitho, Trento, Italien
Druck/Verarbeitung: Druckhaus Cramer, Greven
© 2001 Verlagshaus Würzburg GmbH & Co. KG
© Fotos: Jürgen Richter

ISBN 3-8003-0997-1

Der Kellermeister braucht eine gute Nase, um alle Nuancen des Sherry zu erfahren und so eine gleichbleibende Qualität zu garantieren.

157